대 한 민 국
인구 트렌드

2022 - 2027

일러두기

· 이 책에서 언급된 나이는 모두 '만 나이'를 기준으로 합니다.

· 인구통계는 최대한 최신 데이터를 반영하고자 했습니다(2021년 12월에 통계청에서 발표한 〈장래인구추계: 2020~2070년〉을 포함). 다만 단발성으로 진행되어 지속적인 통계 결과가 없는 연구의 경우, 과거 데이터를 그대로 활용하되 현재 인구 추이에 맞게 해석했습니다.

· 데이터 수치는 반올림 등이 적용된 기존 자료를 따랐습니다.

대 한 민 국

전영수 지음

인구 트렌드

인구 절벽 위기를 기회로 맞바꿀 **새로운 미래 지도**

2022 - 2027

세계에서 출산율이 가장 낮은 나라, 세계에서 고령화 속도가 가장 빠른 나라, 대한민국. 인구구조 변화라는 거대한 위협을 지켜만 볼 수 없는 순간이다. 인구학 권위자인 전영수 교수는 인구 문제가 지방 소멸, 부동산 문제, 일자리, 국민연금, 부양 부담, 저성장, 양극화 등과 어떻게 연결되는지 냉철하게 짚고 있다. 이 책은 이러한 위협들에 어떻게 대응해야 할지 명확한 처방을 제시했고, 미래를 살아가야 할 우리는 이를 통해 '준비된 나'를 만들어야 하겠다.

_ 김광석 한국경제산업연구원 경제연구실장, 책 《경제 읽어주는 남자》 저자

점점 쪼그라드는 대한민국의 미래를 걱정하는 목소리가 높다. 그냥 기우가 아니라 합계 출산율과 고령화 속도에서 불명예스럽게도 세계 최고다. 분명 큰 위기지만 그렇다고 손 놓고 있을 수는 없다. 정부, 기업, 국민이 손을 맞잡고 위기를 기회로 바꾸는 절묘한 한 수를 찾아야 한다. 그런 점에서 이 책은 대한민국의 미래에 대한 깊은 성찰을 넘어 최적의 인구 문제 해법을 제시한다. 노후가 걱정되는 개인부터 시장 축소를 두려워하는 기업인, 발 빠른 정책 수립이 필요한 공무원까지 미래를 준비하는 모두에게 꼭 읽어볼 것을 권한다.

_ 김상헌 이데일리 마케팅본부 본부장(전 이데일리 편집국장)

인구 절벽이 불러오는 충격에 관한 메시지는 20년 전에도 똑같이 있어왔다. 반복되는 경고 속에서도 우리 사회는 무덤덤하게 미래를 맞이하고 있는 듯하다. 하지만 정신 바짝 차리시라. 한 번도 경험하지 못한 인구 감소 충격은 지금부터 시작이다. 이 책은 앞으로의 충격이 나와 무슨 상관이 있을지 궁금해하는 이들에게 좋은 길잡이가 될 것이다.

_ 마강래 중앙대 도시계획부동산학과 교수

인생 계획이든 투자든 비즈니스 전략이든 앞으로 반드시 고려해야 할 변수는 '인구구조의 변화'이다. 저출산·고령화로 표현되는 인구구조의 변화는 '이미 와 있는 미래'이기 때문이다.

국내의 대표적인 인구학 전문가인 전영수 교수는 미래를 가늠해 운명을 개척하려는 이들에게 전체적인 조망을 제시하고 있다. 인구 변화에 대한 큰 그림을 알고 싶은 이들에게 이 책은 좋은 교과서 역할을 할 것이 틀림없다.

_ 이상건 미래에셋투자와연금센터 대표

향후 5년, 대한민국의 미래가 지금 이 책에 달려 있다. 인구 문제는 당장 우리가 사는 집부터 도시, 일자리, 교육, 복지까지 다방면으로 우리의 삶과 깊게 연결되어 있다. 파산을 앞둔 지자체, 문을 닫는 지방대학 이야기는 먼 미래의 이야기가 아니라 당장이라도 일어날 수 있는 현실의 문제다. 국민은 이미 연금 고갈과 노후를 걱정하고 있고, 기업은 소비 시장의 무한 경쟁과 지속 가능한 성장을 놓고 고민한다. 정부도 매해 새로운 인구 정책을 내놓을 만큼 지금 우리 사회에 이보다 시급한 문제는 없다.

인구 충격에 내몰린 대한민국의 사회경제를 누구보다 앞서 진단하고 대응책을 모색해온 전영수 교수는 이번 책에서 획기적인 인구 패러다임의 전환을 제시한다. 가파른 인구 절벽 앞에서 막연한 두려움과 아무것도 할 수 없다는 무력감이 느껴진다면, 어서 이 책을 읽어보시라. 위기를 '기회'로 맞바꿀 유일한 미래 전략을 얻을 수 있을 것이다.

_ 홍성국 더불어민주당 국회의원, 책 《수축사회》 저자

미래 활로는 인구 혁신으로, '타이밍은 5년뿐'

인구통계는 미래를 읽는 데 반드시 필요한 자료다. 시대 변화를 가늠하게 해주는 요소 중 인구통계만큼 강력하고 설득력 있는 변수는 없다. 인구만 알면 미래는 상당 부분 예측할 수 있다. 즉 뉴노멀이 된 신시대의 작동 방식과 게임 규칙은 사실상 인구 변화에서 출발한다. 따라서 인구 이슈는 상식을 뛰어넘어 미래에 살아남기 위한 개인과 조직 차원의 화두다.

그럼에도 인구 변화는 상황이 심각한 것에 비해 체감은 잘 안 되는 시대 현상으로 치부된다. 사실 이것이 인구 문제를 등한시하는 동기라 할 수 있다. 인구 변화는 대응한다고 효과가 바로 나오지 않을뿐더러 사실상 전체 사회구조의 근본 개혁을 전제로 하기에 해결하기 대단히 힘든 과제다. 개인과 조직에 미치는 영향을 확인하는 데 시간이 걸리며, 지금 개혁해도 효과는 20~30년 뒤에야 나타난다. 이처럼 복잡하고 성가시며 골치 아픈 난제이기에 하기 싫은 숙제를 최대한 미루고픈 심정과 같다. 그 때문에 교육·육아·간병 등 연령 산업이 아닌 한 체감하기가 쉽지 않다.

그렇지만 시대 변화에 둔감하면 심각하고 엄중한 후폭풍을 감당해야 한다. 개인은 물론 기업과 시장 등을 생존의 갈림길로 내모는 것이 바로 인구 변화다. 달라진 상황에 맞춰 생존 전략을 수정하고 도전하지 않는다면 성장은커녕 생사조차 가늠하기 힘들다. 인구 변화가 생사여탈을 가른다고 해도 과언이 아니다.

이렇듯 시대 변화의 원점에 위치한 통계로서 인구 변화는 놀라울 정도로 광범위하고 파격적이다. 그렇다면 이는 일시적인 현상일까? 즉 표준편차에서 벗어났지만 곧 되돌아올 이례적인 경로일까? 안타깝지만 현행대로 놔둔다면 대답은 'No'다. 청년인구에 출산 카드는 가성비 낮은 후순위 선택지다. 대부분 박탈감과 분노감 속에 출산 본능을 내려놓는다. 출산 결정권을 쥔 그룹의 신음을 넘어선 비명을 방관하고 무시한 결과가 사상 초유의 초저출산 부메랑으로 되돌아온 것이다.

특히 한국에서 저출산에 따른 인구 변화는 심각할 정도다. 외신은 일찌감치 대단히 예외적이고 충격적인 한국의 인구 경로를 주목했다. 다양한 관점과 분석으로 '한국은 왜 출산을 하지 않을까'에 집중한다. 도대체 한국에선 그간 무슨 일이 있었던 것일까?

원래 선진국일수록 저출산이 자연스럽다. 가치 변화와 성장 감퇴 등이 어우러져 출산 동기가 낮기 때문이다. 한국은 여기에 몇몇 요인이 추가된다. 워낙 단기간에 압축적 고성장이라는 사회 변화를 겪은 탓인지 갈등형 자원 쟁탈이 덧붙는다. 부동산 가격 상승과 일자리 부족은 물론 계층 이동과 도농 격차 등이 그러한 쟁탈전의 결과다. 경쟁에서 뒤처진 청년층이 선배 세대와 완벽하게 결별하는 경로를 택한 건 어쩌면 자연스러운 일일지도 모른다.

문제는 앞으로다. 한국의 변화를 담아낸 인구통계를 보건대 더는 버티기 힘든 상황에까지 내몰렸다. 한국 사회에 허락된 시간이 별로 없다. 단기간에 인구구조가 변화한 것을 볼 때 한국 사회의 앞길은 보다 드라마틱할 것이라 예상할 수 있다. 이제 근본 수술 없는 단기 처방으로 병을 키우는 행위는 두고두고 원망과 질타를 받을 자충수임을 깨달을 때다.

한국은 마지막 타이밍에 접어들었다. 2022년 이후 새로운 정치 리더십에 주어진 5년의 시간이 최후 보루이며, 이때가 인구 혁신을 위한 골든타임이다. 골든타임을 놓치지 않으려면 한국 사회를 상징하는 역동성을 발휘한 코페르니쿠스적 전환을 이루어야 한다. 과거는 흘려보내고 맑고 밝은 앞날을 향한 선순환적 대전환이 요구된다.

이를 위해서는 광범위한 미래 예측과 선행적 대응 마련이 필수다. 한발 앞서 기회를 잡자면 더더욱 치밀한 관심과 정교한 접근이 요구된다. 다만 어떤 미래 스토리든 바탕에는 공통점이 있다. 이를 설득할 근거로 약방의 감초처럼 쓰이는 것이 인구수 변화를 뜻하는 인구통계라는 사실이다. 인구 추세를 확연히 벗어난 미래 경로란 거의 없기 때문이다.

트렌드에서 벗어난 느닷없는 미래가 없듯 시스템적 분석은 앞날을 읽는 힌트와 같다. 단편 정보를 잘 요리해 중요한 트렌드로 확대하고 추정하는 실험 정신이 절실하다. 이때 인구 지표만큼 유효한 정보가 없다. 단발적 숫자를 미래 스토리로 승화시킬 도구로 제격이다.

물론 인구 지표를 포함한 통계 숫자가 절대 진리는 아니다. 왜곡된 수치도 횡행한다. 오판과 착오를 유도하는 나쁜 통계는 가짜 뉴스만큼 악질적이다. 그 때문에 2차·3차 가공과 제한적 해석은 조심하는 게 좋다. 그럼에도 통계가 평가절하되지는 않는다. 따라서 인구 지표는 핵심적인 기초 토대로서 유효하다.

이 책은 이렇듯 미래를 예측하는 데 반드시 필요한 인구 변화를 다룸으로써 현재 우리 사회가 처한 현실과 미래를 읽는 자료로 활용하도록 기획되었다.

먼저 코앞까지 다가선 인구 절벽의 현황과 현실 및 파장을 진단했다. 한국적 인구 변화의 출발점인 충격적인 저출산의 원인을 살펴보고, 더는 방치할 수 없는 위기 지점을 찾아봤다. '인구=국력=경제'란 등식처럼 인구 변화의 위기를 게임 체인저인 시장과 기업이 어떻게 기회로 바꿀 수 있는지 선행 실험을 분석했다.

도농 격차가 인구 감소를 재촉한다는 점에서 인구로 읽는 도시 정책과 공간 변화의 트렌드도 중요하게 다루었다. 공간별 집값 이슈를 진단하는 단초로 제격이다. 결국 인구 변화는 집 등 주거 생활의 재검토를 요구해서다. 이를 통해 인구 변화가 낳은 새로운 일과 달라진 집의 앞날을 추측한다.

중요한 건 해결 방법인 만큼 인구 절벽을 인구 혁신으로 전환해 미래 사회의 지속 가능성을 높이기 위해서는 다양한 방식이 요구된다. 따라서 인구 균형을 위한 뉴노멀로 기업·통일·이민·교육·기술 등도 다루었다.

여기 실은 원고는 한국일보·헤럴드경제 등 기존에 투고한 관련 칼럼을 중심으로 다시 작성한 것임을 밝힌다. 장시간 연재한 원고 중 일부를 출간에 맞춰 수정하고 보완했다. 이 과정에서 짧은 시간에 펼쳐진 또 다른 인구 변화의 후속 파장까지 확인할 수 있었다.

그럼에도 희망은 있다. 코로나19가 완화·종식되면 인구 이슈야말로 한국 사회의 가장 중요한 해결책이 될 것이 확실시된다. 더는 방치할 여유가 없는 데다 지속 가능한 미래를 설계하는 데 반드시 필요한 당면 과제인 까닭이다. 인구 감소로 위기를 맞은 교육부터 국방·조세·취업·노동·복지·주거·노후 등 생애 단계별 개혁을 시작할 수밖에 없다. 엇나간 인구추계에서 확인된 데드크로스(자연 감소 10년·총감소 8년)의 조기 달성은 서둘러 시대 변화를 위한 적응에 나서라고 강권한다.

필자는 이 책에서 대부분 경제·경영·사회의 변화 트렌드를 중심으로 인구 변화와의 접점과 신규 트렌드에 집중했다. 미래 예측과 관련된 통계 전망의 근거나 논리가 다소 정밀하지 않을 수도 있다. 워낙 상황이 급변해 이를 충분히 반영해 추정하는 데 어려움이 많았음을 밝힌다.

따라서 책의 논리와 판단 등은 모두 본인의 주장이자 한계임을 밝히며, 추가 연구를 통해 정밀도를 높여나갈 계획이다. 사실 인구 변화를 다방면에 걸쳐 충분히 이해하고 대응하기란 쉽지 않은 일이다. 그럼에도 더는 회피하기 힘든 현실임을 반드시 명심했으면 한다.

이 책이 인구 변화의 현실과 본질을 이해하는 계기가 되고, 더불어 인구 변화발 트렌드를 포착해 개인과 조직의 미래를 열어젖히는 쓸모 있는 참고 자료가 되기를 바란다. 길게는 한국 사회의 지속 가능성을 한층 높이는 논의를 위한 주제와 자료로 쓰인다면 더할 나위 없겠다.

한양대 연구실에서
전영수

차례

PART 01

인구 절벽이 코앞까지 왔다

PART 02

인구로 읽는 트렌드

01 경제와 일자리 트렌드

차별화, 무한 경쟁, 테크노믹스, 간병, 시니어 마켓, 젊은 베이비부머, ESG

02 도시 정책과 사회실험 트렌드

빗장 도시 서울, 지자체 파산, 지방 소멸, 로컬리즘, 경기공화국

03 주거 생활 트렌드

빈집 실험, 1인화 콘셉트, 직주 분리,
다거점 생활 트렌드, 느슨한 연대, 근거(近居), 새로운 대가족

인구 절벽이
코앞까지 왔다

시작된 인구 절벽,
미래를 읽는 눈이 필요하다

'농부아사 침궐종자(農夫餓死 枕厥種子)'라 했다. 농부는 굶어 죽어도 종자를 베고 죽듯 앞날을 내다보고 미리 준비하자는 의미다. 배고프다고 종자까지 모두 먹어버리면 희망의 끈은 완전히 사라진다. 어렵지만 불황에 대해 푸념하기보다는 내일의 기회를 놓치지 않는 현실적전략이 필요하다. 생계 유지를 방해하는 외부 변화가 갈수록 급격해진다. 하나같이 호재보다는 악재에 가깝다. 이 때문에 지갑은 점점 얇아지는데, 생활 비용은 더 높아진다. 거기에 코로나19의 역습까지 받았다. 그만큼 변화의 규모와 속도가 한 치 앞을 내다보지 못할 만큼폭넓고 빠르게 진행 중이다.

변화란 늘 예고를 앞세워 나타난다. 따라서 큰 현상을 만들어낼작은 조짐을 읽어낼 줄 알아야 한다. 이런 점에서 정중동(靜中動)을 바라보는 시각 차이가 성패를 가른다. 우아한 백조(정)만 넋 놓고 바라보기보다 몸통에 가려진 수면 밑 움직임(동)에 주목할 때 전체 그림이 완성된다. 도도한 자태에 숨겨진 끝없는 발놀림을 알아야 백조가 향할 방향과 속도를 이해할 수 있다. 어제와 다른 변화는 항상 위기와 기회를 동시에 암시하는 만큼 제대로 된 현상 파악만이 흐름에 올라타는 지름길이다.

시대 변화의 진폭은 갈수록 격해져왔다. 과거 몇십 년에 걸친 변화보다 최근 몇 년의 변화가 체감 면에서 더 크고 넓다. 특히 한국처럼 역동적인 구조 변화를 겪은 사회에선 미래를 예측하기가 쉽지 않다. 단 몇 살 차이인데도 세대 격차가 거론될 정도다. 먼 훗날의 일로 예상됐으나, 순식간에 현실화된 전망도 적지 않다. 반대로 엇나간 미래 예측도 흘러넘친다. 원래대로면 시차를 두고 벌어질 일이 조기에 실현되기도 한다. 정보가 전과 비교해 한층 신속하게 확대되면서 빠른 인식 전환이 이뤄진 탓이다. 수십 년간 공고한 설득력을 지녔던 원리 원칙조차 손쉽게 깨지는 시대답다.

그럼에도 미래를 읽어내는 눈은 누구나 탐내는 영역이다. 축적된 변화가 만들어낸 예측 불허의 시대, 동일한 현상을 둘러싸고 낙관론과 비관론이 부딪히는 일도 잦다. 그렇다고 손 놓고 있을 수만은 없다. 변화의 진폭이 커진 만큼 남보다 한발 앞서 기회를 포착하지 않으면 중간도 가기 힘든 시대다.

🌑 인구 변화에서 읽는 미래 예측의 확정적 힌트

그렇다면 미래 사회를 지배할 통찰과 혜안은 어떻게 찾아낼까. 방법은 많지만 정답은 없다. 본인의 상황과 능력에 맞게 취사선택하면 된다. 미래 살림을 추정하자면 경기를 분석할 때 사용하는 방법론인 톱다운(거시)이나 보텀업(미시)도 좋고, 경제통계·지표나 장바구니·가계부로 앞날을 진단할 수도 있다. 미래를 읽는 눈은 결코 저절로 생기지 않는다. 체계적 훈련과 끈질긴 사고는 물론 지적 호기심과 열정이 필요하다. 또 추측보다는 예측이 좋다. 지식에 기반을 둔 예측을 통해 실천적 해법을 모색하자는 의미다.

시스템적 사고도 필수다. 단편적 사실을 묶어 미래 그림을 그리는 식이다. 느닷없는 단발 현상만 살펴봐선 부족하다. 단편 정보를 이리저리 분석해 중요한 트렌드로 확대·해석하는 실험 정신이 필요하다. 현대사회에서 미래 예측은 그 자체가 생존술이다. 투자자라면 더할 나위 없다. 미래 트렌드와 어긋난 투자 전략은 비참한 결과를 낳을 뿐이다. 오늘의 분석은 내일의 기회이자 미래를 읽는 출발점임을 망각해선 안 된다.

비법은 없지만, 힌트는 있다. 일단 미래와 현재의 연결 고리를 찾는 게 먼저다. 아쉽게도 한국 사회의 앞날은 다소 어둡다. 얼마나 준비했느냐에 따라 역풍을 줄이거나 순풍으로 되돌릴 여지는 있지만, 지금대로라면 암울하다. 놀랄 일은 아니다. 일찌감치 예고된 위험 징후가 있었기 때문이다. 원인은 복합적이나, 모두 '인구 감소+성장 지체'로 귀결된다. 둘은 미래 한국의 사회·경제 전반에 걸쳐 지속 가능성을 심각하게 훼손할 대형 악재다.

일찌감치 시작된 '인구 증가 → 인구 감소'와 '고도성장 → 감축 성장'은 거대한 조류다. 동시에 우연적 조우가 아닌 필연적 대면이다. 복합 악재는 당연한 결과다. 산이 높으면 골이 깊듯 고성장 후 저성장은 자연스럽게 따라오는 현상이다. 이젠 인구 악재까지 목을 죈다. 현역은 줄고 노인이 늘면 성장 잠재력은 떨어진다. 이것이 곧 재정 악화를 불러온다. 세출이 증대되고 세원이 감소하는 데 따른 복지 파탄이다. 저성장·인구병(저출산·고령화의 인구 감소가 야기하는 다양한 사회·경제적 문젯거리를 총칭하는 말)·재정난의 악순환은 한국 경제의 불확실성과 직결된다.

인구 감소와 성장 지체는 이음동의어로, 서로 영향을 미치며 상황을 악화시킨다. 성장이 멈추면 인구가 줄어드는 건 당연하다. 성장 파이가 줄었으니 여기에 맞춰 인구도 조절된다. 본인의 만족과 자녀 출산에 따른 기회비용을 계산해보면 답이 뻔히 나오기 때문이다. 또 인구 변화는 왕복 2차선이라 할 수 있다. 고령화와 저출산이 각각 인구 감소의 충돌 지점을 향해 내닫는다. 이것이 분자가 분모보다 큰 가분수의 인구구조다. '분자(고령인구↑)/분모(현역 인구↓)'의 등식이 성립되는 것이다.

비슷한 상황에서 인구 변화를 먼저 경험한 일본의 사례 등을 종합하면 미래 사회는 기존 성장 모델에 중대한 궤도 수정을 요구한다. 그러지 않으면 불협화음과 생존을 위협하는 그림자에 휩싸일 게 불 보듯 뻔하다. 특히 거대 자본과 장기 경험을 보유한 대기업이 아닌 한 거의 모든 기업은 서둘러 미래 대응에 나서야 한다. 지속적으로 성장하기 위해서는 새롭게 적용될 게임 법칙과 달라진 인구구조를 파악하는 게 시급하다.

이때 인구통계는 미래 예측의 유력한 열쇠가 된다. 변화 진폭이 큰 한국 사회에서는 특히 인구만큼 의미 있는 진단 툴이 없다. 수많은 변수에도 최소공배수는 인구 변화로 정리된다. 정치 지형, 경제 양상, 사회구조 등 모든 분야의 변화는 인구에서 비롯된다. 미래를 읽으려면 인구를 연구하는 게 기본이다. 자료는 많다. 5년마다 이루어지는 인구주택총조사(통계청)와 실시간 주민등록인구통계(행정안전부)가 밑그림이라면, 매년 발표되는 개별 기관의 인구통계까지 수두룩하다. 작위적 설계로 완전히 신뢰할 수는 없어도 대략적인 규모와 방향은 알 수 있기에 필요에 따라 참고 자료로 활용하기 좋다. 인구는 삶을 지배하며 흐름을 뒤바꾸고 운명을 좌우한다. 작은 나비가 태풍을 불러오듯 순환적 연결성을 인구 변화에서 찾을 때다.

◖◗ 인구구조와 정치 지형 '진보 위기 vs 보수 기회'

2022년은 대선의 해다. 정치 지형도 인구구조에서 일정 부분 힌트를 얻을 수 있다. '젊은 보수·늙은 진보'라는 새로운 트렌드가 거세지만, 연령별 성향과 생존 환경이 아직은 유효하다는 점에서 많든 적든 판세에 영향을 끼칠 전망이다. 정치권이 스스로 규정하는 그들만의 '진보 vs 보수' 프레임에 동의하지 않지만, 연령대별 성향이 안정과 변화로 설명된다면 인구구조는 대략적인 밑그림을 그려준다. 결과적으로 인구구조를 볼 때 갈수록 '진보 위기 vs 보수 기회'는 불가피할 듯하다. 노년층이 급증하고 청년층이 줄어드는 인구학적 구조 변화가 선거 판세의 주요 동력일 수밖에 없기 때문이다.

2021년 서울·부산 시장 선거에서도 매한가지였다. 예측은 엇갈렸지만, 인구로 보면 예상했던 그림이 도출됐다. 역시 '진보 위기 vs 보수 기회'로 정리된다. 다른 변수도 많았지만, 인구구조는 이를 뒷받침했다. 2020년 인구주택총조사에 따르면 2020년 서울 인구(967만 명) 중 50세 이상(379만 명)은 39.2%로 2010년 29.2%보다 10%p 늘었다. 10세 구간별로 보면 40대까지는 감소했는데, 50대부터는 모두 증가했다. 30대는 187만 명에서 148만 명으로 줄었고, 70대는 44만 명에서 70만 명으로 늘었다. 특히 50대 이상은 10년 새 78만 명(301만 명 → 379만 명)이 증가했다. 부산도 비슷했다. 2010~2020년 총인구는 줄었지만(357만 명 → 339만 명), 50대 이상은 33만 명(120만 명 → 153만 명) 늘었다. 50대부터라고 보수성이 짙어지진 않으나, 과거 선거를 감안할 때 경향성까지 부인하긴 어렵다. 연구 결과를 보면 50대에서 정치 성향이 보수적(29.0%)이라는 답변이 진보적(23.0%)이라는 답변을 앞섰다. 하지만 20대(19~29세)는 자신을 보수적이라고 답한 비율이 5.7%에 그쳤고 30대도 8.2%만이 보수적이라고 생각하는 것으로 나타났다(2020 · 사회통합실태조사).

선거에는 변수가 많지만, 인구구조가 노화할수록 보수화되는 건 맞다. 일례로 일본의 보수당이 간판만 바꿔가며 장기 집권하는 이유도 인구구조 없이는 설명하기 어렵다. 한국은 덜하지만, 세계 전역에선 인구 공학이 정치 지형을 가른다. 미국 대선도 같은 경향을 띤다.

백인 지지율이 낮은데도 오바마가 대통령이 된 건 다른 인종이 압도적으로 지지했기 때문이다. 절정은 2016년 대선이다. 당시 인구 변수가 미국 대선의 중심에 있었다는 분석은 설득력이 있다. 트럼프가 정권을 잡은 것은 이민자 증가를 경계하는 백인 몰표가 있었기에 가능했다.

2020년 대선은 사뭇 달랐다. 다민족성을 깬 민족주의에 맞서 유리한 조건에도 정권이 바뀌었다. 인종 구성 변화 추이를 보면 향후 백인 지지만으로 대통령에 당선될 확률은 낮다. 더구나 이민 인구의 출산율이 높아 영향력은 더 커질 전망이다. 비슷한 사례는 영국 브렉시트 찬반 투표에서도 볼 수 있다. 지역별 찬성 비율은 대개 이민 비중이 높은 지역일수록 높았다. 한국은 어떨까. 이민은 유력한 인구 대응책 중 하나로 인식된다. 생산가능인구(만 15~64세 인구)가 늘어나기 때문이다. 즉 갈수록 이민 환경이 개선될 여지가 크다. 그만큼 '민족주의 vs 다문화성'의 대결은 핫이슈다. 한 세대 후면 색다른 정치 풍경이 펼쳐질 것으로 예상된다.

● 세대 대결의 인구경제학 '빈부 격차 + 각자도생'

한편 2020년 아파트는 한국 사회의 욕망과 갈등이 켜켜이 배어든 공간이 됐다. 동시에 부동산 시세 진단은 전 국민의 관심사가 되었다. 그럼에도 좀처럼 알기 힘든 게 부동산 가격이다. 폭등이든 폭락이든 수요 변화, 즉 인구 변화가 자주 차용되나 그것만으로 결정되는 것은 아니기 때문이다. 다만 큰 그림은 그릴 수 있다. 고도성장과 인구 증가가 끝난 만큼 아파트 가격의 고공 행진은 계속되기 힘들다. 시점이 문제지만, 공급과 금리 등 기타 변수와 함께라면 방향성을 알아볼 수 있다. 후속 세대의 구매력을 능가할 결정 변수는 없기에 당장은 혼조세를 보여도 길게는 조정기에 들어설 수밖에 없다.

수급이야말로 모든 걸 우선하는 법이다. 다만 미세 판단은 필요하다. 대표적인 게 세대수의 증가 추세다. 총인구가 줄어도 집이 필요한 세대수가 늘면 집값은 뛴다. 2020년 1인 가구(906만 호)는 39.2%까지 늘었다. 4년 만에 161만 가구가 증가했다. 2인 가구까지 합하면 62.6%로 압도적이다. 물론 이 수치와 아파트 구매력은 별도다. 1인 가구의 상당수가 만혼·비혼 청년인구라는 점에서 이들의 고용 불안과 실업 압력은 면밀히 고려할 필요가 있다.

베드타운화된 신도시도 인구통계에서 자유롭지는 않다. 탈서울화의 피로도는 크다. 달라진 인구구성에 발맞춘 주거 공급이 아닌 한 기존 주택의 유령화는 불가피하다. 이대로라면 서울은 공간적 절대우위를 독점할 수밖에 없다. 세계 어느 나라를 봐도 경제력이 집중된 곳의 재화 가격이 떨어진 경우는 드물다. 일본만 해도 수도권 등 대도시 권역에서는 복합 불황을 이겨냈다. 일자리가 서울에 집중되는 한 서울 집값은 신도시와 차별화될 수밖에 없다.

문제는 점점 속도를 더해가는 빈부 격차 속에서 기존 물건을 받쳐줄 후속 인구가 있느냐 하는 점이다. 집값이 폭등하는 이유 중 하나는, 원래대로라면 공급자가 돼야 할 고령인구가 새로운 수요자가 되었다는 것이다. 증여든 차익이든 기성세대의 자산 매집은 각자도생에 가깝다. 신뢰 자본이 적고 정책조차 엇박자인 현실이 낳은 결과다. 달라진 후속 청년은 '영끌' 하든 포기하든 또 다른 각자도생에 임할 수밖에 없다. 당분간은 세대별 기 싸움이 벌어질 듯하다. 그럼에도 인구통계의 행간은 역시 한 방향을 향한다.

◐ 출산 감소 후폭풍 시작, '사회비용 → 세금 인상'

인구 변화는 처음엔 느려도 금방 무서운 속도로 내달린다. 최근 몇 년간 출산 통계가 이를 뒷받침한다. 인류 역사 초유의 0.8명대 출산율(2020년 0.84명)은 한국 사회의 제반 구조를 과격하게 전환하라 요구한다. 과거 시스템을 고집하기엔 여유도 명분도 없다. 2020년 출산과 사망이 엇갈려(데드크로스) 마이너스를 기록했듯 기존 체계의 수급 구조는 하나둘 역전되기 시작했다.

따라서 인구 변화에 부응해 균형을 회복하는 것은 시급한 과제다. 이를 해결하기 위해 새로운 시도를 본격화할 수밖에 없다. 그중 상징적인 것이 복지 개혁이다. 복지는 세대 부조적인 성격 탓에 부담자와 수급자가 구분된다. 낼 사람은 적은데(저출산) 받을 이가 많아지면(고령화) 유지되지 않는다. 세금으로 벌충해도 결국엔 외상 장부일 수밖에 없다. 2020년 베이비부머(1955~1975년생, 필자 분석)의 선두주자인 1955년생이 국민연금 수급 연령인 만 65세가 되었다. 부머(boomer)란 말처럼 수가 많은 반면 보험료를 낼 후속 세대는 적어지는 데다 고용 환경조차 불안해진다. 건강보험도 연간 기준으론 적자에 들어섰다.

인구 문제에 따른 구조 개혁은 당면한 과제다. 인구구조상 갈수록 생존에 필요한 비용이 높아진다. '감축 성장 → 인구 감소 → 소비 정체 → 세원 부족 → 재정 부담 → 증세 압박'의 악순환 탓이다. 5대 사회보험을 필두로 고부담·저급여로 제도가 개편될 것이 분명하다. 논란과 반발이 거세지만, 현재 상태를 유지하는 것은 힘든 일이다. 워낙 후폭풍이 커 당장 더 내라 말하긴 어려워도 루트는 정해졌다. 그나마 탄탄했던 정부 곳간도 허술해졌다. 문제는 세계가 호평했던 한국적 한판 역전승조차 쉽지 않다는 것이다. 역동성이 저하될 조짐은 곳곳에서 확인된다.

이미 인구구조는 성숙 사회 진입을 예고한다. 중위 연령은 1997년 30.3세에서 2020년 43.7세로 높아졌다. 2031년 50세를 넘어서고 2070년이면 62.2세까지 높아질 전망이다(통계청(2021),〈장래인구추계: 2020~2070년〉). 중위 연령이 낮을수록 혁신적이고 창의적이라면 한국은 정적인 사회에 가깝다. 어렵지만 묘책을 동원하는 데 사활을 걸어야 한다. 지속 가능성 하나에만 집중함으로써 인구 정책의 새판을 짜자는 얘기다. 당장 원인부터 정확히 파악해야 한다. 인구구조가 변화한 이유를 속까지 들여다봐야 진단과 치료가 이뤄진다. 인구병이 심각해질수록 환자를 잘 파악하는 명의가 간절해질 수밖에 없다.

로마 멸망에서 배우는
인구 교훈

'로마는 하루아침에 이뤄지지 않았다(Rome was not built in a day)'. 인류 최초의 거대 제국이라 일컬어지는 로마도 건국 과정에서 숱한 난관을 헤쳐나갔다는 뜻이다. 마찬가지로 로마는 하루아침에 무너지지 않았다. 장기간 조금씩 붕괴의 단초가 쌓인 것이다. 일일이 거론하기조차 힘든 수많은 징조가 있었기 때문이다. 즉 멸망을 막을 기회가 여러 번 있었음에도 결국 망했다. 로마의 멸망은 어쩌면 예견된 수순일지도 모른다.

유력한 멸망 근거 중 하나는 경제 침체다. 로마는 반복된 영토 팽창으로 노예 인구를 확보했다. 전성기에는 제로에 가까운 저비용으로 노예를 공급해 단위 노동당 생산성을 극대화했는데, 차차 이 구조가 약해지며 불황에 직면했다. 재정이 바닥난 것도 문제였다. 대형 제국의 지배 세력답게 엄청난 복지 수혜를 독점한 로마 시민의 부양 부담 탓이었다. 목욕탕이나 포도주 등 익히 알려진 퇴폐적인 로마 문화가 그 산물이다.

　요약하면 전성기에 구축된 '영토 팽창 → 노예 공급 → 경제성장 → 복지 강화'의 운영 논리에 균열이 생기면서 작동이 정지된 게 로마가 멸망한 주요 요인 중 하나다. 이때 주목해야 할 건 인구 감소다. 《로마인 이야기》의 저자 시오노 나나미(鹽野七生)나 《로마제국 쇠망사》의 저자 에드워드 기번(Edward Gibbon)이 공통적으로 지적하는 멸망 원인도 인구 감소로 요약된다. 출산 감소로 현역 인구가 줄어들면서 국가 경제의 기둥이 흔들리기 시작한 게 로마가 멸망하는 데 직접적 원인이 되었다는 지적이다.

　로마제국의 인구 감소는 두 갈래로 진행되었다. 우선 제국 확장이 중단되며 경제 발전의 원동력 역할을 하던 노예 공급이 줄었다. 즉 생산가능인구가 감소한 것이다. 당연히 복지 재원 지출이 커졌다. 유입 민족의 증가도 내분을 불렀다. 또 다른 인구 감소 원인은 로마 본국의 지배 그룹 사이에 광범위하게 퍼진 출산 기피 풍조에서 찾을 수 있다. 평민 이상 계급이 자식을 적게 낳거나 낳지 않으려는 '저출산 신드롬'이 만연했다. 로마제국의 정통성에 부합하는 핵심 인재 수가 줄어든 것은 심각한 갈등의 불씨가 됐다.

◖◗ 인구 대국 로마에 퍼진 저출산 신드롬의 파괴력

원래 로마제국은 인구 대국이었다. 황금기로 불리는 클라우디우스 황제 때는 인구수가 1억 2,000명을 넘어선 것으로 알려졌다. 에드워드 기번이 "제국의 위력은 인구에 있다"고 할 만큼 큰 파워였다. 심지어 아이를 10명 이상 둔 집이 흔할 정도였다고 한다. 당시 서민 아파트(집합 주택) 인근엔 업무 시간인 오전 11시만 되면 쏟아지는 시민들로 거리를 걷기조차 힘들었던 것으로 알려졌다.

이유는 간단하다. 출산 장려 정책의 힘이다. 이렇듯 인구가 늘어나는 시절에도 출산을 적극적으로 장려했다. '출산 저하=국력 감소'를 우려한 조치다. 반대로 출산을 주저하면 페널티를 부과했다. 로마제국 최초 황제 아우구스투스는 미혼 여성에게 독신세를 매긴 것으로 유명하다. 공직에 등용할 때 능력이 동일하면 다자녀 가구에 우선적으로 취업 기회를 제공했다. 덕분에 제국의 역사는 영원히 계속될 듯했다.

여기까지는 전형적인 인구 보너스의 힘을 보여준다. 즉 로마는 '인구=국부'를 제국 확장의 토대로 활용하며 인구 대국의 저력을 제대로 보여줬다. 다만 늘 그렇듯 지키기가 어려운 법이다. 일정 궤도에 안착해도 이를 유지한다는 건 여러모로 힘들다. 로마제국도 그 한계에 부딪혔다. 우리는 로마제국의 힘이 약화된 시점과 인구 감소 시기가 정확히 일치한다는 사실에 주목할 필요가 있다. 멸망을 앞두었을 때 로마 인구는 전성기와 비교해 절반 이하인 5,000만 명까지 축소됐다. 고도성장을 반복하던 공격적인 제국 확장이 멈추고 파이가 확대되지 않는 평화 시절이 도래하자 출산은 급격히 감소했다.

로마제국이 멸망한 원인으로 납 중독설을 내세운 역사학자 콜럼 길필런(Colum Gilfillan)의 자료는 더 구체적이다. 그에 따르면 로마제국이었던 트로이(그리스)의 19세 이상 청년 101명 중 기혼자는 35명에 불과했다. 그중 자녀를 둔 것은 17명뿐이었다. 설상가상 17명 중 10명은 자녀가 1명이었다. 비록 로마 본토가 아닌 점령 지역 인구통계지만, 이를 통해 중앙 거점의 사정도 미루어 짐작할 수 있다. 특히 귀족 집단 등 중산 계층에서 출산 기피 트렌드가 두드러졌던 걸로 알려졌다. 그런 와중에 전염병이 돌고 외부 침입까지 발생하면서 로마 제국은 서서히 몰락했다.

잘나가던 로마제국이 국가를 유지하는 데 핵심적 변수인 인구 감소를 방치한 결과는 혹독했다. 반론의 여지는 충분하나 인구 감소는 어쨌든 사회·경제 유지에 메리트가 될 수 없다. 길게 보면 국가 존재의 근간을 뒤흔드는 악재일 확률이 높다. "출산 감소를 방치한 나라 중 부흥한 예가 없다"는 시오노 나나미의 경고는 '로마 멸망은 인구 감소 때문'이라는 주장에 힘을 싣는다.

로마가 멸망한 이후에도 사정은 비슷하다. 현재 기준으로 봐도 인구가 감소했는데 국력을 유지한 예는 찾기 어렵다. 이민 등 국제 전입이 늘면서 선진국 중 상당수는 여전히 인구가 증가하고 있다. 자국민의 자연 감소(출생-사망)를 외국인의 국제 증가(전입-전출)가 받쳐주는 구조다. 지금껏 총인구가 줄어든 국가는 일본뿐이다(2010년). 일본은 GDP 대비 240%에 육박하는 국가 부채에도 무지막지한 경기 부양으로 잠깐 좋아진 듯했지만, 지금은 올림픽 특수는커녕 코로나19 정책 실패로 한 치 앞을 내다보기 어렵다.

일본도 출산 회복에 사활을 걸었다. 라인업만으로는 없는 정책이 없다. 미약하나마 성과도 꽤 거두었다. 2018년 1.42명으로 인구 위기선(1.3명)을 넘겼다. 2005년 1.26명을 바닥으로 2015년 1.45명까지 찍었다 숨 고르기를 하고 있다. 충격적인 0.84명(2020년)을 기록한 한국과 비교할 수 없다. 그나마 일본이 장기간 대응한 결과다. 1970년대부터 시작했으니 출산 정책은 50년 이상 이어왔다. 그런데도 총평은 낙제다. 추진 동력을 잃고 헤매는 패착을 반복했다. 세계 최고의 늙은 국가라는 오명이 부메랑으로 되돌아왔다.

한국은 어떨까? 출산을 장려한 것은 2000년대 초반의 저출산 고령사회 기본법을 제정하면서부터다. 인구 유지선인 2.1명(1983년)이 깨진 후 20년이 지나서야 시작됐으니 늦어도 한참 늦었다. 탁월한 정책이라도 타이밍이 어긋나면 효과는 미미하다. 이후 펼쳐질 부작용은 상상을 초월한 비용과 노력을 요구한다. 그럼에도 되돌릴 확신조차 없다. 여러 선행 사례는 출산 제고에 지름길이 없음을 잘 보여준다.

● 로마의 교훈 '출산 회복에 모든 걸 걸어라!'

물론 어지간한 정책으로는 인구 감소를 막을 수 없다. 로마와 일본처럼 실패하지 않으려면 구조를 전환하는 것이 급선무다. 사상 초유의 0명대 출산 성적은 고강도 정책 실천이 절실함을 경고한다. 이대로라면 연애·결혼·출산의 라이프 사이클은 깨진다. 인식 부족과 정책 부재를 한탄만 할 게 아니라 지금이라도 서둘러야 한다.

무엇보다 청년이 처한 상황에 공감하고 그들을 챙기는 체제를 구축할 필요가 있다. 지금처럼 기성세대의 약탈적 착취 프레임은 곤란하다. 청년층을 옥죄는 목줄은 위협적이다. 가뜩이나 힘든 청년을 상대로 한 비즈니스는 착취 산업과 같다. 청년층의 불행을 먹고 사는 사교육은 물론 스펙 축적을 내세운 취업 시장도 그렇다. 손에 쥘지 기약조차 아득한 희망을 내세워 부모 등골을 뽑아내는 시장의 확장을 멈추어야 할 때다. 어루만져 '만' 주겠다는 힐링 산업도, 도전하라는 희망 산업도 혐의를 벗어날 수 없다.

미래 세대가 희망을 잃으면 공멸은 불가피하다. 경쟁적 자본주의가 최고의 피임약이란 말처럼 청년 세대의 혼돈과 불안이 낳은 미래의 비관론이야말로 출산 기피의 최대 원인이다. 다시 희망을 갖게 해주는 1순위 해결 과제는 안정적 취업 환경의 마련이다. 정년 보장과 연령 차별적 고용 관행을 바꾸어야 한다. 정책만으로는 불가능한 영역인 만큼 사회 전체가 패러다임의 수정에 동참해야 한다.

로마 멸망의 고루한 전철을 밟을지, 한강의 기적을 재현해 새로운 항로를 열지 한국 사회는 갈림길에 섰다. 미국고령화협회(AGE) 설립자 폴 휴이트는 "2100년 한국 인구는 3분의 1 이하로 줄어들 것"이라 전망했다. 데이비드 콜먼 옥스퍼드대학교 교수는 "한국이 지구에서 사라지는 최초의 국가가 될 것"으로 내다봤다. 이처럼 출산 포기와 청년 증발의 미래는 정해졌다. 남은 건 바꿀지 말지 선택하는 것뿐이다.

새로운 패러다임의 등장,
'인구 충격을 인구 혁명으로'

인구 변화에 따라붙는 수식어는 꽤 부정적이고 비관적이다. 위협, 충격을 넘어 소멸, 붕괴란 단어가 따라붙는다. 원흉은 인구 감소 즉 저출산, 고령화다.

관련 통계는 염려가 기우가 아님을 뒷받침한다. 2020년 출산율 0.84명은 사뭇 놀라운 숫자다. 더 나빠질 게 확실한 2021년은 0.7명대 초반까지 예상된다. 이는 동서고금 어떤 국가도 겪지 않은 영역에 한국 사회가 최초로 들어섰음을 뜻한다. 설마했던 수치까지 폭락해, 또 하나의 신기록을 세우게 된 것이다.

더 큰 고민은 뜨뜻미지근한 해법 체계다. 답답할 만큼 해결책이 없다. 거액의 예산에도 상황이 호전되기는커녕 전혀 반응이 없다. 미온적인 정부 대응만 탓할 건 아니다. 긴 안목으로 사회구조 전체를 바꿔야 해결될 이슈다. '가성비'가 낮은 정책 과제란 뜻이다. 하물며 날 선 이해 당사자를 조정해야 하기 때문에 인구 정책이 자꾸만 뒤로

밀리는 건 당연지사다. 결국 인구는 난제로 남는다. 개선 여지가 적거나 없으니 더 겁나고 힘겹다. 믿을 건 각자뿐, 최대한 챙겨둘 수밖에 없다. 외상은 사회비용으로 청구된다.

비용은 이자를, 불신은 복수를 낳는다. 이를 끊어내는 발상의 전환이 절실하다. 근본부터 뒤흔들 코페르니쿠스적인 전환일수록 바람직하다. 급격한 인구 변화에 걸맞은 뉴노멀식 패러다임이 필요한 이유다. 악재를 호재로 재구성한다면 위기는 얼마든 기회로 치환된다. 인류 역사는 위기에서 기회를 찾아왔다. 적자생존은 살아남는 종(種)의 공통 법칙이다. 피할 수 없다면 변할 수밖에 없다.

◖● 악화될 출산율의 날 선 경고

인구 감소 현상은 매우 위험하게 느껴진다. 변화 범위와 속도가 가팔라 위기감을 키운다. 인구가 생산·소비의 핵심 주체인 이상 인구구조의 변화는 게임 규칙을 새롭게 설정할 것을 요구한다.

필요한 건 구체적인 진화 전략이다. 인구 충격의 파고를 인구 혁명의 계기로 전환해야 한다. 그러기 위해서는 시급히 다각적 기회를 모색할 필요가 있다. 출발은 정밀한 상황 판단과 예민한 대응이다. 정확히 읽어내야 면밀히 따져볼 수 있어서다.

뒷북 대응을 질타하듯 인구구조는 일찌감치 변해왔다. 1983년 인구 유지선(출산율 2.1명)을 깼으니 감소 신호를 보낸 기간이 지금까지 40여 년에 이른다. 정책이 엇박자였을 뿐 살아남은 시장과 기업은 남달랐다. 꾸준한 인구 독법으로 민첩한 선제 대응에 나섰다. 변화 수용의 열매는 달았다.

살아남은 기업은 인구 변화에 정통할 수밖에 없다. 승승장구하는 사업 모델은 예외 없이 고객 친화적일 수밖에 없기 때문이다. 산업이 재편되고 시장 변모를 촉발·유인하는 지점은 고객 변화에서 시작된다. 그 고객 변화가 바로 인구 변화로 치환된다. 예전처럼 내놨는데 팔리지 않으면 고객이 변했기 때문이라고 봐야 한다. 양(量)으로도 질(質)로도 욕구가 변했는데, 과거만 고집하면 팔 수 없다. '인구 변화 → 고객 변화 → 시장 변화 → 사업 변화'의 연쇄 고리를 따를 때 생존 가능성이 커진다.

인구 변화는 어찌 보면 단군 이래의 최대 기회다. 10년 후 뭘 먹고 살지 고민하는 경영자에게는 불안하되 절호의 사업 찬스가 될 수도 있다. 회사 존망에 사활을 건 오너일수록 인구 변화에 대한 관심과 열의가 높은 이유다. 이대로면 인구 변화의 범위와 깊이가 어느 때보다 넓고 깊다는 점에서 상시 대응은 필수다. 일부 기업은 거대한 인구 변화의 파도에 올라탈 플랜과 실험에 착수했다.

예를 들어 아마존은 인구 위기를 사업 기회로 전환해 거대 공룡 반열에 올랐다. 특유의 IT 기술이 성공 요인으로 꼽히나, 자세히 뜯어보면 인구 변화를 정확히 읽어낸 게 주효했다. 아마존의 고객 관찰은 상시 체계다. 글로벌 기업답게 고객 변화를 실시간으로 체크하며 진출 전략에 반영한다. 유통 채널을 넘어 제조·판매 공간까지 넘나드는 아마존의 기업 전략은 달라진 고객 욕구를 반영한 결과다. 인구 문제에 따른 양적·질적 변화를 흡수하며 PL(Private Label, 자체 브랜드)을 135개(2018년 말 기준)로 확대해, 까다롭고 다채로운 욕구를 즉시 해결하고 대행하는 채널로 변모했다. 연령·성별·채널별로 구분한 과거 모델은 경쟁력을 잃었다.

고객 변화는 심화되어 전체 숫자와 개별 욕구 모두 달라진다. 가령 출산율은 줄어도 고령화는 상승한다. 층별 평균이 줄어들 뿐 전체 파워는 건재하다. 공고했던 기존 이론은 파기 대상일 뿐이다. 라이프사이클 이론이 그렇다. 연령별 소비·투자 성향을 필두로 선호 대상이 달라진다. 청년은 보수화되고 노인은 활발해진다. 질적 변화는 더 드라마틱하다. 고학력에 다양한 가치를 추구하는 소비자의 등장은 선호 재화부터 구매 패턴까지 변화시켰다. 다양화된 인생 모델은 가성비와 무관한 가치 소비를 낳는다.

◐ 아마존처럼 인구 위기를 사업 기회로, 새로운 고객과 시장의 등장

어느덧 인구 변화가 불러온 대변혁의 한판 승부가 시작됐다. 늦었다 여길 때가 기회를 선점할 둘도 없는 타이밍이다. 인구 변화가 만들 새판은 무차별적이고 광범위해서 보다 혁신적 접근이 요구된다. 사양(斜陽) 산업은 없다. 새로운 고객과 시장으로 대체될 뿐이다. 유아 기저귀는 불황이나 어른 기저귀는 호황이다. 1인화는 가족 소비 대신 본인 소비에 올인하는 현상을 불러왔다. 자신의 취향이 주요 소비 기준이 되었다는 점도 주목할 만하다. 표준적 대형 체인은 힘들어도 차별적 골목 점포는 문전성시를 이룬다.

업종마다 고객 변화와 관련해 관심을 갖는 지점이 다르다. 인구 구조의 양적·질적 변화가 낳을 직간접적 파장도 각기 다르다. 그 때문에 일률적이고 범용적인 전략을 수립하는 것은 힘든 일이다. 그럼에도 유효한 건 정확한 인구 독법과 기민한 대응이다. 모두가 인구 변화를 부담스러워 한다. 다만 더 좌불안석인 건 기업과 시장 영역일 수밖에 없다. 정부는 그나마 여유롭다. 인구가 줄어도 신생아가 태어나긴 하고 여전히 세금은 거둬진다. 그렇지만 기업에는 밀어줄 뒷배도, 의지할 언덕도 없다. 고객이 떠나면 시장은 사라지고 기업은 무너진다.

달콤한 성공 경험은 빨리 잊어버릴수록 좋다. 그때는 맞았어도 지금은 틀릴 수밖에 없다. 사회와 동행하지 않는 사업은 생존하기 어렵다. 사회는 갈수록 빠르게 변화하는데, 이를 인구 변화가 좌지우지하고 있다고 해도 과언이 아니다. 인구 변화는 우리가 알고 믿던 많은 게 달라지는 것을 뜻한다. 다시 한번 강조하지만 '인구 변화 → 고객 변화 → 시장 변화 → 사업 변화'는 시작됐다. 인구 변화에 따른 '신고객 → 신시장'은 낯설지만 갈 수밖에 없는 길이다.

인구는 거울처럼 한국 사회의 이슈를 투영한다. 한정된 자원을 두고 벌이는 쟁탈전은 인구 변화 경로와 정확히 맞물린다. 갈등이든 해법이든 원류에 인구가 있다. 힘들고 어렵다고 방치하거나 포기해선 곤란하다. 기업도 마찬가지다. 지속 가능성은 조직에 숙명적인 목표다. 넘어야 할 산이라면 미룰 필요 없다. 꾸준하되 확실하게 응전하는 방법뿐이다. 다행히 문이 완전히 닫히진 않았다. 인구 갈등 문제를 풀며 열어젖힐 공간은 있다. 필요한 건 의지와 실천이다. 위기를 기회로 품는 에너지라면 인구 충격은 인구 혁명으로 전환된다.

한국 청년은 왜 아이를 낳지 않을까?
출산을 결정하는 다양한 변수

출산 증발이 확산세를 보여 0명대 출산율이 고착될까 염려된다. 단군이래 최저치임과 동시에 세계사적 신기록이다. 청년인구의 불편한 심기를 보면 기우만은 아니다. 낳을 이유보다 낳지 않을 까닭이 압도적이다. 열악한 경제력이나 달라진 가치관이 큰 영향을 미쳤다. MZ세대에게 비혼과 아이를 낳지 않는 딩크족(Double Income No Kids)은 꽤 현실적인 라이프스타일이자 생애 모형으로 인식된다. 공통점은 자녀를 낳지 않는다는 것이다.

그렇다면 후속 세대는 왜 출산을 하지 않을까? 경제학은 장기간이 문제를 연구해왔다. 한국 청년의 출산 거부도 중요한 분석 과제다. 시대가 변했듯 고려할 사항도 많다. 엄밀한 문제 진단과 정확한 해결책을 전제로 한국형 인구 정책을 재구성할 필요가 있다.

●● 3대 자녀 효용설로 촉발된 인구경제학

인구경제학은 경제학·사회학·심리학 등을 포괄하는 통섭적 분석 테마로 안착했다. '개인 → 가족 → 사회'로 분석 프리즘이 확대된 것이다. 미시 차원의 분석 원조는 H. 라이벤슈타인(H. Leibenstein)이다. 속물적 소비 성향을 뜻하는 밴드왜건(band-wagon) 효과의 창시자로 자녀 출산을 효용 가설로 밝혔다. 개발도상국일수록 출산력이 높다는 상식(?)도 이때부터 알려졌다.

의미 있는 건 출산력과 경제 발전, 성장률의 관계를 분석한 것이다. 그 결과가 유명한 3대 자녀 효용설이다. 출산 이유를 자녀 자체의 유희·만족(소비 효용), 성장 과정에서의 생산·소득(노동 효용), 노후 봉양 약속·보장(연금 효용) 등 세 가지로 봤다. 부모가 자녀를 갖는 판단 근거는 효용과 비용의 정밀한 셈법이란 뜻이다. 따라서 효용이 비용(비효용)을 웃돌 때만 출산한다.

또 경제 발전의 단계별로 출산력은 부(-)의 관계를 갖는다. 합리적인 의사 결정이라면 경제가 발전할수록 출산율은 낮아진다. 소득 증대에 따른 비용·편익 관계의 변화 때문이다. 부모의 소득이 늘수록 노동과 연금 효용의 중요성이 하락하기 때문이다. 육아·기회비용까지 포함시키면 자녀에게 얻어낼 것보다 본인의 소득 상승만으로 커버된다. 뒤에 태어나는 자녀일수록 '효용 < 비용'의 현실 감각과 인식 변화는 한층 강해진다.

3대 효용 가설은 잘 알려졌듯 현대사회에선 설득력을 꽤 잃는다. 한국에선 특히 양육 과정에서 획득되는 유희·재롱적인 소비 효용만 확인될 따름이다. 가계에 돈을 벌어다 주는 노동 효용은 기대하기 어려울뿐더러 연금 효용은 사회보장제도로 갈음된다. 즉 효용보다 비용이 확실히 크니 출산 유인이 낮아질 수밖에 없다.

●● 경기 상황·소득 계층 등 복잡해진 출산 변수

경제학적 사고관을 반영한 인구 이론은 신고전학파가 씨앗을 뿌렸다. 펜실베이니아학파의 선두 주자 R. 이스터린(R. Easterlin)부터 살펴보자. 1974년 돈과 행복이 비례하지 않는다는 '이스터린 역설 (Easterlin's Paradox)'의 주인공이다. 행복은 돈으로 살 수 없다는 근거를 제시할 때 단골로 등장하는 이론이다. 그는 자녀를 가질지 여부를 판단할 때 그간 경험한 생활수준이 중요하다고 봤다. 부부가 경험해온 생활수준보다 향후 수준이 좋아질 것으로 판단되면 출산한다는 얘기다. 반대라면 출산을 포기한다는 게 그가 주장하는 상대 소득 가설이다. 경기와 출산이 비례한다는 해석이다. 그 때문에 경기순환에 맞춰 출산력도 순환한다. 호황일 때 출산과 불황일 때 포기가 상호 반복형 그래프를 띤다.

시카고학파인 M. 프리드먼(M. Friedman)은 가족 규모를 사회적 계층 격차로 설명한다. 가족 규모는 부부가 속한 소득 계층과 직업집단이 강력하게 영향을 미치고, 평균적으로 소득이 높은 부부가 자녀에 대해 많은 비용을 지출할 것으로 봤다. 고소득 부부일수록 자녀를 둘러싼 '효용 〈 비용'이 큰 셈이다. 그 때문에 소득수준이 높은 부부의

그림 1 고학력 여성과 저출산율 국가 비교

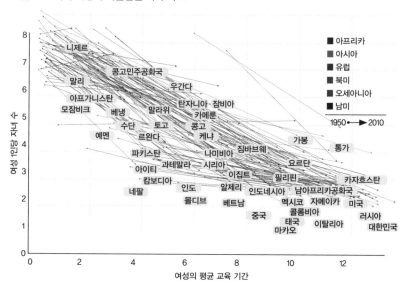

- 출처: UN Population Division(2019 Revision), Our World In Data(2017)

경우 평균적으로 저소득 계층 부부보다 자녀가 적다고 설명한다. 이것이 사회적 상대 소득 가설이다. 사회 계층의 격차라는 상대적 요인이 출산 격차를 야기한다는 독특한 이론이다. 수요 중심의 3대 자녀 효용설과 달리 부부 기호·가계소득·양육 비용 등 나머지 공급 요인을 고려했다는 점에서 유효하다.

●● 다양성의 문화 현상이 된 한국형 출산 변수

앞에서 살펴본 인구 이론 중 상당 부분은 한국 사회에도 적용된다. 시카고학파의 연구 결과를 네 가지로 집약해보면 인적 자본론, 시간 배분론, 가계의 내부 생산론, 합리적인 개인(가족) 가정론 등이다. 인적자본론은 자녀를 투자 대상으로 보는 시선이다. 즉 교육비는 자녀의 미래 임금을 높여주므로 지출하지 않을 수 없는데, 이것이 부담이 되면 낳지 않는다. 하물며 본인처럼 자녀도 노예가 될 것이란 작금의 청년 인식이라면 출산할 이유는 없다. 돈도 희망도 없는 흙수저의 대물림은 합리적 의사 결정권자라면 선택하지 않는 법이다.

시간 배분론도 유효하다. 근로시간과 육아시간의 대결 구도는 현재 이슈다. 아니면 추가 비용이 요구된다. 똑똑한 한국 청년은 효용을 최대화하기 위해 노동·육아·여가 시간을 배분할 때 출산을 후순위로 둘 수밖에 없다. 반면 시간과 비용을 투입해 애정·만족·위안 등을 얻는다는 내부 생산론과 결혼·가족·출산 행동의 효용 원천을 높이려는 합리적 개인(가족) 가정론은 아쉽게도 한국 청년에겐 미션 임파서블에 가깝다.

이처럼 한국은 기존 이론에서 벗어난 새로운 경로에 진입한 듯하다. 이론대로라면 고용·소득 등 재무 개선만으로 출산율이 높아져야 하지만, 한국은 출산 포기가 사뭇 사회 트렌드로 번지는 양상이다. 과거엔 거의 없던 평생 비혼이 남(14%)·여(7%) 모두 급증했다. 20~30%로 상승하는 건 시간문제다.

결혼 후 출산도 필수 관문은 아니다. 하물며 한층 살벌하고 엄중해진 사회에 맞선 MZ세대는 '무자식'을 표준으로 받아들일 기세다. 궤도 이탈에 따른 불안감은 주변에 비슷한 인식을 공유하는 사람들과 만나 안도감으로 되돌아온다. 그들의 시대 의제는 다양성이다. 다양한 생활 모델을 골라 본인의 효용을 높이는 카드를 선호하고 선택한다. 그 때문에 '졸업 → 취업 → 결혼 → 출산 → 양육'의 전통 모델은 기능 부전에 빠졌다. 저출산이 팬덤적 문화 현상으로 번지면 기존의 인구 정책은 무의미해진다. 근본적인 개혁이 필수일 수밖에 없다.

여성의, 여성에 의한, 여성을 위한
인구 변혁

인구 변화와 가장 밀접한 주체는 과연 누굴까. 스스로 변할뿐더러 덩달아 변하는 트렌드의 주역은 여성으로 압축된다. 남녀노소 할 것 없이 이루어지는 인구 변화에도 시대 전환을 이끄는 강력한 추동 집단은 특히 청년 여성이다. 여성은 가족을 원만하게 이끌어가는 가정 내 경영 주체일 뿐만 아니라, 사회구조를 변화시키는 동력이다. 여성은 이제 고용에 있어서도 꽤 큰 비중을 차지하며 기업의 성장 방식에 여러 대안을 제시하는 등 사회에서 강력한 행위 주체로 발돋움했다. 1990년대부터 본격화된 성별 격차 해소 노력으로 여성의 고학력화를 이끌어낸 것은 물론 유리 천장을 깨며 한국 사회의 변화를 촉진한 핵심 그룹이다. 어떤 것이든 새로워졌다면 그 원류에는 달라진 여심이 존재한다. 이들은 생활을 바꾸는 데 그치지 않고 가족·거주·고용 등 많은 것을 변화시킨다. 청년 여성의 새로운 실험에 주목해야 할 이유다.

여성이 인구 변화의 강력한 주제로 자리하게 된 이유는 많다. 정리하면 인식 변화와 맞물린 정책 전환이 한몫했다. 제2기 출산 정책으로 평가되는 인구 자질 향상기(1996~2003년)에 청년 여성의 입지와 능력이 부각됐다. 제2기는 제1기(인구 증가 억제기·1961~1995년)와 제3기(저출산 고령사회 대응기·2004년~현재) 가운데에 위치한다. 여성 권리 보호·신장을 통한 남녀평등의 실현이 정책의 핵심이었다. 양보다 질로 인구 경쟁력을 높이기 위해서다.

이때부터 한국 사회는 남녀차별이 줄고 균등한 기회가 늘며 여성의 본격적인 사회 참여가 촉진됐다. 굴레였던 성차별이 줄어들며 가정과 사회에서 여성의 위상이 달라졌다. 여전히 상황과 인식이 부족하나, 과거보다 확실히 달라진 건 체감할 수 있다. MZ세대에게 남녀평등은 자연스럽다.

남녀 비중은 역전됐다. 한국은 숫자로도 여성이 더 많은 사회가 됐다. 2020년 말 여성(2,598만 명·50.1%) 수가 남성(49.9%·2,584만 명) 수를 다소 앞선다(주민등록 인구). 여성이 전년보다 약 3,000명 늘어난 데 비해 남성은 2년 연속 줄어 폭을 키웠다. 2014년까지 한국 인구는 '남자 〉 여자'가 일반적이었다. 이후 매년 남녀 간 인구 격차가 2020년 14만 7,000명까지 벌어졌다. 참고로 2011년은 남성이 8만 명 더 많았다.

이는 MZ세대와 무관하다. 성별 역전은 60대 이상 여성인구가 이끈다. 50대까지는 근소하게 남자가 많지만, 환갑 이후 고령 여성이 압도적인 비중이다. 가령 70대 이상은 여성(337만 명)이 남성(233만 명)

보다 100만 명 이상 많다. 평균수명의 성별 차이를 감안하면 여초 환경은 추세라 할 수 있다. '고령화=여성화'인 셈이다.

여성인구의 달라진 힘은 작지만 강력한 변화를 추동할 주요 변수다. 무엇보다 안정성이 강화된다. 연령이 낮은 사회일수록 역동성과 진취성이 강한 반면, 고연령 국가에 비해 상대적으로 빈곤하고 후진적인 사건사고가 많은 것도 충분히 예상된다. 성숙 사회의 등장에는 경제·문화적 요소도 중요하나, 연령도 의미 있는 변수인 셈이다.

● 청년 여성에 길을 물어라, '인구 정책=여성 정책'

한국 사회가 여성에 주목해야 할 또 다른 이유는 인구 변화 때문이다. 인구 문제가 아닌 인구 변화라 칭하는 건 불필요한 오해보다 건설적인 논의를 위해서다. 인구 변화는 남녀 모두의 문제다. 저출산 문제 해결을 여성에게만 강요해선 곤란하다. 출산부터 양육까지 여성 홀로 해내기는 불가능한 사회다.

그럼에도 인식과 통계는 여전히 전근대적이다. 사실상 '젊은 여성'에 올가미를 씌운다. 일본은 20~39세 가임기 여성을 가리키는 '인구 재생산력'이라는 새로운 명칭까지 만들었다. 낮은 출산율의 원인을 찾고자 유배우 출산율(출생자/기혼 여성)이란 통계도 동원한다. 결혼하면 2명을 낳는데, 통계(합계 특수 출산율)에 미혼 여성을 넣어보니 0.84명(2020년 3분기)까지 떨어졌다는 취지다. 실제 유배우 출산율이 2.23명(2000~2016년)이란 연구 결과도 있다.

아쉬움은 남는다. 결혼을 하지 않아 덜 태어난다는 논리는 맞지만, 더 중요한 건 결혼이 여성 혼자만의 선택은 아니란 점을 간과했기 때문이다. 독신 여성에게 저출산에 대한 책임을 전가하는 해석의 오류인 셈이다. 동시에 이 논리면 혼외 출산이 일반화된 프랑스 사례도 설명하기 어렵다. 오죽하면 출산율 대신 가치 중립적인 출생률이란 용어를 쓰자고 반발할까.

저출산이 문제이고 젊은 여성이 원인이라면 더 정확하고 엄밀한 정책으로 대응해야 한다. 이들이 왜 출산하지 않는지 관찰하고 질문하는 게 먼저다. 편견과 오해만 잔뜩 쌓는 미스 매칭의 대응 논리는 틀렸다.

사례는 많다. 가령 2016년 정부가 발표해 항의와 반발을 낳았던 출산 지도는 정책 당국의 안일한 인식과 시선을 그대로 보여주었다. 가임기 여성 숫자를 지자체별 순위로 보여줘 출산을 경쟁화하는 실수를 범한 것이다. 정작 중요한 출산 환경 악화 문제는 빼고 출산을 여성 책임화·도구화한 황당한 일이었다. 결국 취소했지만, 뒷맛은 썼다. '저출산=여성화'를 공고히 한 당국의 발상만 확인한 셈이다.

실제 인구학의 경우 최소한 출생은 여성에 초점을 맞춘다. 이로써 여성을 통계 수치나 단위로 보는 경향이 나타난다. 심하게는 여성을 수단화하는 우를 범한다. 물론 통계로 출산을 살펴보는 건 타당하다. 다만 다양한 비교와 변수를 이용해 여성의 삶과 선택에 포커스를 맞춰 변화를 관찰하는 게 좋다. 그래야 실질적인 통찰을 얻을 수 있다.

●● 인구학은 여성학이다

하늘 아래 완전히 새로운 정책은 없다. 단번에 문제를 풀 즉효 처방은 특히 없다. 인구 대응은 더더욱 그렇다. 문제를 곡해하고 회피하는 한 실효책은 멀어진다. 상식적인 얘기나 인구 해법은 청년 여성에게 묻는 게 대전제다. 문제 해결의 첫발은 당사자성이다. 당사자일수록 문제와 해법을 가장 잘 아는 법이다.

돌아보면 당사자의 심중과 지향을 배제한 경우가 많았다. 주체여야 할 이들을 객체화했으니 풀리기는커녕 엉킬 수밖에 없다. 여성이 힘든 사회에 출산은 긍정적이지 않다. 2030 세대의 출산 파업은 과거 잣대로 해결할 수 없다. 고학력에 다양한 가치관을 지닌 이들에게 '출산 vs 직장' 중 하나만 택하라는 것은 뻔한 결과만 낳는다. 이미 확인된 0명대 출산율이 증거다.

돈으로 풀겠다는 건 틀린 해법이다. 1983년 인구 유지선(2.1명)을 깬 후 40여 년에 걸쳐 반등할 기미 없는 추세 하락은 재정 인센티브로서 출산 장려가 의미 없음을 뜻한다.

완벽하지는 않지만 '인구학=여성학'의 접근이 권유된다. 나아가 인구 정책을 가족 정책에 연동하는 방식이 자연스럽다. 시대 변화에 조응할뿐더러 당위적이고 효과적이기 때문이다. 여성을 하대할수록 출산율은 낮아진다. 인구 반등까지는 아니라도 최소한 하락세를 막은 국가가 공통으로 전하는 교훈이다. 스웨덴은 2000년 1.5명까지 떨어진 출산율이 2019년 1.7명으로 회복됐다. 이탈리아와 스페인도 20년째 ±1.3명을 유지한다. 다른 이유도 많지만, 한국과 다른 점은 남녀평등과 조화의 강화로 요약할 수 있다. 유럽의 성과는 장기간 이해 당사자의 속내를 묻고 선택을 도와준 과정에서 비롯된다.

　더 늦기 전에 한국도 청년 여성을 정책 현장에 초대해 눈높이를 맞추는 패러다임 전환이 필요하다. 균형감을 잃은 성별 대결은 바람직하지 않다. 편 가르기는 극단적 확증 편향에 기댄 옳지 않은 행동이다. 낡고 성근 프레임은 버릴 때다.

그림 2 2010년대 성별 주민등록 인구 추이

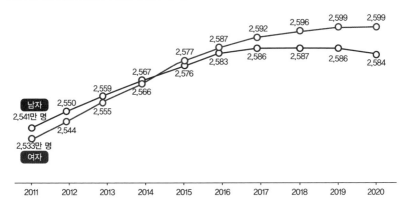

- 출처: 행정안전부

지방대학의 존폐 위기!
국방과 집값 하락에도 영향을 미친다?

모든 건 타이밍이다. 너무 빠르면 낯설고 아주 늦으면 아쉽다. 딱 좋을 때 시대 변화에 올라타야 원하는 결과를 얻을 수 있다. 시기는 정확하게, 틈은 정밀하게 접근하는 게 좋다. 물론 현실은 만만치 않다. 알아도 속수무책으로 당하는 일이 다반사다. 2021년 정원이 미달된 대학 입시의 충격과 공포가 한 예다. 인구통계가 일찍이 경고했지만, 내버려둔 대가는 엄중했다. 돌발 변수가 아닌 위험 상수였음에도 대응은 미지근했다. 공급(고 3)과 수요(입학 정원)의 데드크로스가 예견됐으나, 관계 부처와 대학은 위기감을 느끼지 않았다. 7만(정원 미달)의 빈틈은 눈앞에 닥쳐서야 쇼크로 증폭됐고, 지방대학은 특히 큰 타격을 입었다.

인구 충격은 더디나 매섭게 번진다. 대학의 붕괴는 앞으로 펼쳐질 숱한 상황 변화의 전초전에 불과하다. 누구나 나이를 먹듯 인구 변화가 이끌어낸 가령(加齡, 나이가 들수록 인간의 생리 현상이나 기능이 변화해

가는 것을 말한다)별 생애 주기의 수급 변화는 정해진 미래와 같다. 지하철 배차 간격처럼 인구통계는 안내 시간에 맞춰 착착 다음 역에 닿는다. 미세하게 이탈해도 대부분 표준편차 안이라 드라마틱한 반전은 없다. 결국 인구 감소의 후폭풍은 향후 들불처럼 번질 수밖에 없다. 누구든 위기 앞에 자유롭지 않다는 의미다. 이대로면 미달 사태는 전 분야로 확대될 것이다.

◖◗ 지방대학의 위기는 인구 변화의 매를 먼저 맞은 것

충격파는 곧 국방 분야로 닿는다. 가시화될 병력 부족 문제는 발등의 불이다. 역시 20년 전부터 제기된 경고다. 20세 남성은 2010년대 ±35만 명대에서 2020년대 ±25만 명대로 감소했다. 현재 출산율을 보건대 20년 후인 2040년대는 ±13만 명이 전부다. 지금 같은 병력을 유지하는 것은 불가능해진다. 국방 개혁은 당면 과제인 만큼 웬만하면 모두 받아들일 태세다. 2021년부터는 고졸 이하라도 몸만 건강하면 학력과 무관하게 현역 입대가 가능해졌다. 아직은 기준을 넓혀 채운다지만, 계속될 리 없다. 감축 편성에 맞춘 자원 배분은 절실한 과제다. 축소는 싫겠지만, 쇼크를 피하자면 방법은 없다.

그다음부터는 더 무차별적이고 광범위하다. 제대·졸업 후 MZ세대가 직면한 최대 이벤트는 취업이다. 본격적인 생산과 소비를 담당하는 한 사람의 경제 주체로 변신하는 때다. 저출산의 충격도 가시화된다. 압권은 생산가능인구의 하락이다. 2018년 최초로 줄어든 이래 낙폭은 갈수록 커지고 있다. 2019년 ±3,760만 명에서 2050년 ± 2,450만 명으로 35%나 급감할 것으로 예측된다.

아직은 버티지만 2020년 0.84명이라는 출산율을 보면 20~30년 후엔 인력 부족이 본격화될 것이다. 참고로 20년 후 스무 살이 되는 2020년 출생자는 27만 2,000명뿐이다. 반면 올해는 베이비부머의 맏형(1955년생)부터 생산가능인구에서 제외된다. 향후 20년(1955~1975년생)간의 생산가능인구 이탈 숫자만 무려 1,700만 명에 달한다.

집도 문제다. 주거 불안은 출산을 포기하게 만드는 주요인 중 하나다. 최근처럼 근로소득으로 내 집을 마련하는 것이 힘들어진 상황에서 결혼·출산이라는 가족 카드는 선택되지 못한다. 부모 지원이나 천운이 아닌 한 자수성가형 집주인이 되는 것은 거의 불가능한 일이다.

그렇다면 줄어든 후속 세대가 내 집 이슈에 직면할 30~40년 후는 어떨까. 집값 결정 변수가 워낙 다양하나, 적어도 수급 논리로만 보면 상황 개선에 무게중심이 쏠린다. 현재의 저출산이 가장 강력한 증거다. 출산율 1명 이하라는 전대미문의 확정 통계가 벌써 3년째 이어진 까닭이다. 2018년(0.98명)·2019년(0.92명)·2020년(0.84명)이 그렇다. 이대로면 2021년 0.7명대와 2022년 0.6명대도 가시권이다(2021년 출산율은 보통 2022년 여름 정도가 되어야 확정치가 나온다. 이 수치는 추정치다). 2015년 1.24명이었으니 7년 만에 절반으로 줄어든 셈이다.

수요가 줄면 가격은 떨어진다. 방어기제가 가수요를 낳아도 지금보다는 수요가 줄어들 수밖에 없다. 그렇다면 내 집 마련은 수월해진다. 살 만한 집의 공급 여부가 관건이나 그것도 수요 감소를 이길 수는 없다. 집값이 싸져도 지갑이 얇으면 고민스럽다. 생산가능인구 감소에 맞서 한국의 복지 체계는 '저부담·고급여 → 고부담·저급여'로 전환될 예정이다.

이 역시 인구통계가 일찍이 힌트를 준 변화 지점이다. 예를 들어 국민연금은 이미 보험료보다 수급비가 더 많아 매년 20조 원씩 적립금이 줄어든다. 고갈 예상 연도를 보면(정부 2057년, 국회 2054년) 여유로운데, 미래 출산율을 1.2~1.3명대로 추계한 낙관적 계산법에 따르기 때문이다. 건강보험은 한층 심각하다. 2024년이면 적립금이 바닥을 찍는다(국회).

●● 정원 미달 → 국방 부족 → 복지 부담 → 집값 하락 등 연쇄 충격 불가피

물론 집값은 더 오를 수도 있다. 평균치가 낮아져도 우량재는 별개 이슈다. 특히 인구와 욕구가 집중된 공간은 가치를 반영한 가격이 유지된다. 다만 그들만의 리그일 뿐 언젠가 바통을 터치해줘야 할 후속 인구의 의지와는 무관하다.

현재 청년이 노년이 됐을 때도 부동산 선호 현상이 유효할지는 아무도 모른다. 가족 해체와 평생 싱글 트렌드가 새롭게 중소형 주택의 선호로 연결되겠지만, 지금처럼 내 집에 대한 열망으로 이끌지는 모를 일이다. 게다가 청년층의 달라진 생각도 영향을 미친다. 미래보다 현실을 우선하고, 소유보다 사용을 중시하는 경향은 꽤 일반적이다. 그들에게 집은 기성세대와 달리 시대 변화에 맞춰 끝없이 재해석된다.

인구 변화와 집값 전망은 현재 한국 사회를 관통하는 상징적인 논쟁거리다. 부동산이 정치 지형을 쥐락펴락할 정도니 두말하면 잔소리다. 공통적인 건 불안 심리다. 집을 샀든 못 샀든 누구라도 속이 편하지 않은 시대다. 그 때문에 보고 싶은 것만 보는 감정적인 확증 편향에 빠지곤 한다. 이때 유효한 게 숫자가 알려주는 통계의 힘이다. 조심해서 볼 것이 통계라지만, 인구통계만큼 가치 중립적이고 미래 연결적인 데이터는 없다. 피터 드러커는 인구통계를 미래와 관련된 것 중 가장 정확한 예측을 도와주는 유일한 사실이라 했다. 정부가 거액을 써가며 5년마다 인구주택총조사를 하는 이유도 향후 50년간 지속 가능한 사회를 실현하기 위한 정책 플랜을 짜기 위해서다.

인구로 읽는
트렌드

경제와
일자리 트렌드

'악재 vs 호재' 갈림길에 선 인구 변수와 4대 대응 전략

다시 한번 강조하지만 인구가 전부다. 인구 없는 사회는 무의미하고, 인구 없는 예측은 불필요하다. 인구는 절대적이며 포괄적이다. 모든 변화에 넓고 깊게 포진한다. 완전히 무관해 보이는 현상조차 뜯어보면 원류와 과정, 결과엔 인구 변화가 자리한다. 예외는 없다. 결국 인구 변화는 한국 사회를 이해하고 전망하는 지름길이다. 한정 자원을 교육·국방·조세·복지·산업 정책 등에 차등 배분하는 근거가 인구 추계인 까닭이다.

시장과 기업은 두말하면 잔소리다. 시장은 인구 규모(고객 숫자)로 결정된다. 저출산·고령화는 전체 인구는 물론 연령 비중의 변화까지 아우르는 대형 변수다. 가랑비에 옷 젖듯 당장은 몰라도 나중엔 조직의 성패를 가른다. 물론 인구 변화를 정확하게 예측하고 대응하는 것은 어려운 일이다. 인구 변화의 최대 원인인 저출산만 봐도 최근 2~3년 추계치를 빗나갔다. 고용·소득 등 시대 압박과 인생관이나 가치관까지 바뀐 후속 세대의 출산 의지를 읽어내기 힘들어서다. 각종 출산 정책이 효과를 발휘하지 못하는 것도 그 때문이다.

그럼에도 인구 변화를 읽어내는 건 필수다. 예측 범위를 이탈한 한국 특유의 급격한 인구 변화는 더 그렇다. 생존과 성장이 조직 가치의 전부인 기업은 무엇보다 즉시 대응하는 것이 필수다. 덩치와 생각 모두 급변하는 고객을 팔짱 끼고 응대할 수는 없다. 미래를 떠올리면 인구 정복은 최우선순위 중 하나다. 코로나19라는 돌발 변수든 저성장의 고정 변수든 돌파구는 갈림길에 선 인구 변화에 있다. '인구 변화 → 소비 변화 → 시장 변화 → 사업 변화'는 닥쳐올 미래 시장을 읽어낼 핵심 고리다. 다만 누구나 알고 싶되 아무나 알기는 힘들다. 인류가 처음 걷는 낯선 길인 데다 그마저 한국이 맨 앞에 선 까닭이다.

기업은 정부와 다르다. 냉정한 상황 판단과 민첩한 대응 전략이 없다면 성장은커녕 생존조차 담보할 수 없다. 망할 역풍도, 흥할 순풍도 결국 인구 변화에 대한 이해와 대응에 달렸다. 이는 모든 업종과 사업에 해당되며 예외는 없다. 제조·유통·서비스·금융 모두 거대한 인구 변화의 중대 전환점에 놓였다. 시장을 재편할 회오리는 다가온다. 손쉬운 방법이나 모범 답안은 없다.

다만 몇몇 조언은 추론할 수 있다. 인구 변화가 낳은 새로운 고객과 시장을 성공적으로 공략한 선행 사례가 힌트다. 대략 네 가지 대응 전략으로 정리할 수 있다. 이를 충실히 반영한 혁신 실험이면 머잖아 우수한 사업 모델로 연결될 터다. 단 열심히 좇아도 당장은 성과를 거두지 못할 수 있다. 그러나 묵직한 변화답게 끈질긴 대응이 필요하다. 씨앗은 뿌리고 가꾸고 기다릴 때 열매로 되돌아오는 법이다.

● 후속 주자 약점은 선행 사례에서 배워야

개척 루트를 뒤따르면 여러모로 좋다. 나침반 역할로 손색이 없다. 저비용으로 위험을 낮출 수 있는 것은 물론 좋은 결과를 낼 수도 있다. 그러므로 선행 사례 연구는 후속 주자에겐 필수다. 불확실한 인구 변화도 마찬가지다. 제대로 알기 어려운 부분에 시간과 자금까지 투자할 필요는 없다. 선행 사례만 체크해도 자원 낭비는 상당 부분 막을 수 있다. 정보는 흘러넘치니 정확히 읽어내고 연결하는 노력과 능력이면 충분하다.

어렵진 않다. 수많은 선행 샘플은 대개 한 방향을 가리킨다. 실패 이유는 많아도 성공 비결은 하나로 압축되게 마련이다. 그런 의미에서 일본 사례가 제격이다. 한국보다 앞서 인구 변화의 충격을 온몸으로 겪은 유일무이한 선행 모델이다. 적어도 오늘의 한국은 어제의 일본과 닮았다. 인구 변화에 맞선 성공 사례면 벤치마킹하고 실패했다면 반면교사로 좋다. 특히 인구 변화가 낳은 신고객·신시장의 기업 대응은 한국에 시사하는 바가 적잖다. 일본 사례를 단순하게 캐치하는 것만으로도 나름 의미 있다.

제대로 된 세부 전략이라면 기업 입장에서 비용을 내서라도 따라

해보는 게 좋다. 인구 변화란 워낙 상식 파괴의 낯선 결과로 연결된다는 점에서 불확실성은 최대한 제거하는 차원이다. 물론 조심할 건 있다. 일본에선 유효했다 해도 한국에선 안 먹힐 수 있다는 점이다. 그만큼 둘은 다르다. 이것이 국제 비교의 함정이다.

그렇지만 선행 사례는 없는 것보다 낫다. 가능하면 결과는 물론 과정까지 챙기는 게 좋다. 상황이 천차만별이라 과정은 다를 수밖에 없어서다. 이유는 간단하다. 인구 변화의 한국적 특수성 때문이다. 한국의 인구 변화는 충분히 차별적이고 격동적이며 충격적이다. 정확히 설명할 만한 수식어가 없을 정도로 굉장히 과격한 변화 흐름이다.

이미 한국은 어느 나라도 걷지 않은 길을 나 홀로 꿋꿋이 걸어가고 있다. 5년이라는 정기 주기를 깨고 2019년 특별 추계까지 했지만, 그조차 금방 깨질 만큼 출산율은 급격하게 떨어졌다. 선행 사례를 읽되 무게중심은 한국 상황에의 차별 분석에 싣는 게 옳다. 이대로면 한국보다 빨랐던 서구 유럽은 물론 일본조차 한국 사례를 역으로 분석할 지경이다.

●● 인구 변화에 대응할 상시 조직을 만들어야

기업과 시장의 경쟁 환경은 나날이 치열하고 각박해진다. 투입 자원은 한정적인데 경쟁 변수는 확장적이다. 와중에 당장 눈에 띄는 영향이 느껴지지 않는 인구 변화까지 챙기는 건 어렵다. 눈앞의 매출 증진에 직결되지도 않는다. 미뤄지고 잊히는 이슈로 전락할 수밖에 없는 처지다. 그래서 대부분은 교양이나 상식 수준에서 인구를 공부한다. 관련 이슈가 터질 때 살짝 접해보는 걸로 끝이다.

하지만 인구 변화는 반짝 이슈가 아니다. 알면 알수록 시급한 대응이 절실한 현재진행형의 메가 변수다. 미진한 정책 대응이 순식간에 엄청난 충격 지표로 연결되었다는 것을 경험하지 않았던가. 반짝 이슈가 아니면 상시 대응은 당연하다. 사업 토대가 되는 인구 변화는 단편적이고 임시적인 대응 체제로 맞설 수 없다.

가능하면 집중·전담하는 상시 조직을 내부에 갖춰 신고객과 신시장의 변화 양상은 물론 수면 아래 감춰진 추동 원리까지 파악하는 게 바람직하다. 독특한 건 직위가 높을수록, 오너일수록 인구 변화를 놓치지 않는다는 점이다. 앞으로의 먹거리를 생각해야 할 입장에 설수록 인구 변화의 영향과 파워를 절감하는 분위기다.

●● 저비용·고성과의 협업 모델을 선택해야

인구 변화는 넓고 깊게 얽힌다. 이렇게 등장한 신고객과 신시장은 과거와는 다른 형태의 욕구를 분출하고 새로운 가치를 지향한다. 획일·균일·보편적인 상품과 서비스도 무시한다. 전형적인 연령 소비와 성별 소비를 거부하고, 욕구 발현이 끝없이 세분화된다. 그 와중에 본인이 관심을 갖는 것엔 넘치게 지불한다. 또 제조사에 맞춤 서비스를 요구하고, 물건보다 경험을 중시하며, 소유보다 사용을 택한다. 이는 과거에 없던 소비 욕구다.

그림 3 자연 감소 전환 연도

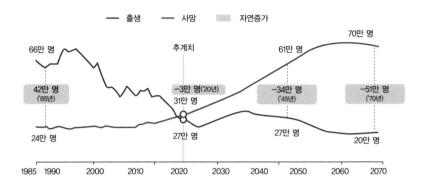

- 출처: 통계청(2021), 〈장래인구추계: 2020~2070년〉

　　그나마 아직은 일부 고객이 선도하고 있지만, 향후엔 소비 경향이 더 까다롭고 다양해질 것으로 예상된다. 결국 고객에 대한 맞춤 대응은 그만큼 힘들어진다. 즉 새로운 차원의 선택과 집중은 물론 합종 연횡의 협업 전략이 유력하다. 자본이 있어도 무리할 필요는 없다. 패러다임은 변했다. 일관 체계를 통한 전체 장악은 옛말이다.

　　대안은 '본업 경쟁력+외부 서비스'의 연계 모델이다. 장기 축적한 경쟁력을 극대화하되 추가적인 소비 지점이나 고객 만족은 타 업종과 연대해 해결하는 것이다. 탈(脫)제조·향(向)서비스가 그렇다. 온라인·오프라인도 마찬가지다. 금융·제조(유통)까지 포괄된다. 업종을 불문하고 전체가 참가해서 벌이는 무한 경쟁인 셈이다. 그렇다면 답은 혁신 응대. 답은 수면 아래 인구 변화에 숨어 있다.

인구 변화가 예고한 미래 일자리
'축소 중 차별화'

일은 가장 수준 높은 복지다. 근로 능력과 의지만 있다면 누구든 일하는 사회가 바람직하다. 생활이 파탄되는 원인인 실업 상태가 없는 완전고용은 이때 펼쳐진다. 이는 실업률 0%를 뜻하는 것이 아니다. 완전고용이라 해도 구직 행렬은 상존한다. 현재 일하고 있지만 더 좋은 일자리를 찾는 사람도 많다. 대략 4~5%면 완전고용이라 부르며, 사실상 완전고용인 와중에도 마찰적 실업·구조적 실업이 있을 수밖에 없어 불가피하다는 측면에서 자연 실업률이라고도 한다. 실업과 고용의 일시적 바뀜이 실업 통계에는 잡혀도 대개 무난한 취업이 가능하다고 본다. 이를 체감하기는 어렵다. 평균의 함정처럼 연령·지역·성별 편차 때문이다. 즉 생애 최초의 일자리를 위해 고군분투 중인 청년 실업자 수는 전체 평균보다 늘 2~4배 많다.

일자리는 많을수록 좋다. 수급 균형적인 가격 결정을 감안하면 수요(일자리) 증가는 공급(구직자) 몸값을 올린다. '양질(良質)'이란 수식어처럼 품질까지 좋으면 더 바람직하다. 고용 수급을 확인할 통계로 유효구인배율(구인 배수)이란 게 있다. 이는 '일자리/구직자'로 계산된다. 1배를 기준해 고용 시장의 호·불황을 따진다. 한국은 2020년 0.39배(130만/330만)까지 떨어졌다. 1배의 균형 매칭 기준보다 턱없이 낮다. 2017년은 그나마 0.65배였다. 코로나19까지 맞물려 고용 위기가 한층 심각해졌다는 의미다. 1배를 웃돌려면 방법은 둘뿐이다. 분모(구직자)를 낮추거나 분자(일자리)를 올리는 수다. 분모 하락, 즉 구직자 수는 인구 감소로 가시권에 있다. 그 때문에 인구가 줄면 일자리가 늘 것이라 기대된다.

관건은 분자인 일자리다. 이것이 유지되거나 증가해야 인구 감소가 곧 고용 호황이 된다. 분자가 분모보다 더 빨리, 많이 줄면 낙관론은 기대하기 어렵다. 즉 인구 감소만큼 고용 환경도 결정적이다. 참고로 2020년 말 일본의 유효구인배율은 1.18배를 기록했다. 2018년(1.62배)보다 낮지만, 여전히 일자리가 넘친다는 의미다. 구직자는 100명인데 일자리는 118개란 뜻이다. 코로나19로 기업 환경이 악화되며 고용 한파가 닥쳤다지만, 부러운 대목일 수밖에 없다.

물론 대기업은 배율이 낮아 바늘구멍이고, 임금 수준도 하향 평준화돼 실속은 생각보다 적다. 그래도 '잃어버린 20년'에 비하면 일본 상황이 꽤 좋아진 건 사실이다. 2012년 아베 정부가 등판한 이후 경기회복과 청년 부족이 맞물린 결과로 해석된다. 따라서 분모의 인구 감소만 보기보단 분자인 고용 환경의 변화 양상을 함께 살펴볼 때 미래 예측 정확성이 높아진다.

●● 1배 이하에 달라붙은 '일자리/구직자'의 악화 행렬

양질의 일자리가 곧 복지이듯 일은 개인의 생활과 사회구조를 떠받치는 일등 공신이다. 일자리를 둘러싼 양적 변화와 질적 전환은 평범한 사람들의 삶을 쥐락펴락한다. 그만큼 뜨거운 관심사일 수밖에 없다. 특히 사회 데뷔를 앞둔 후속 인구라면 전공이나 업종, 회사를 택할 때 성장 지향의 지속 가능한 일자리에 초점을 맞춘다. 따라서 일자리별 미래 지도에 따라 유망 직종과 사양 직업은 엇갈릴 수밖에 없다. 직업 특유의 묵직함과 지속성도 첫 단추의 가치로 귀결된다. 일자리의 선호·규모부터 변화 방향과 속도까지 다양한 시대 변화가 영향을 미친다. 필요하고 선호되는 일자리란 시대 욕구와 상황 변화를 반영하기 마련이다.

일자리의 미래는 다양한 변수가 뒤섞여 결정된다. 특히 분자의 결정 변수인 성장 수준·기술혁신·산업 재편·정부 정책·대외 환경 등 수많은 상황 변화에 따라 미래 일자리의 최종적인 숫자와 구성, 내용이 달라진다. 그럼에도 분모인 인구 감소를 능가할 변수는 없다. 인구 변화의 광범위한 영향과 파급력을 볼 때 분모로서의 자체 변화와 더불어 분자의 상황 변화까지 다각적으로 유도하기 때문이다. 인구 변화가 시장 욕구를 바꾸고, 기업은 여기에 맞춰 새로운 상품과 서비스를 출시할 수밖에 없다. 분자의 변화다. 또 이를 해결해줄 새로운 노동력으로서 달라진 일자리는 분모에 매칭된다. '인구 변화 → 욕구 변화 → 수요 전환 → 사업 재편 → 고용 조정 → 신규 노동 → 취업 확대'의 논리 구조다. 즉 인구 변화가 만들어낸 '새로워진, 달라진' 현상(분자)에 부합하는 일자리(분모)가 유망한 셈이다. 따라서 미래 노동의 예측은 인구 변화의 양적·질적 분석에서 시작한다.

◖● 급격한 인구 변화 속 아직은 일자리 증가

코로나19 이후 일자리가 급속하게 변화했다. 그게 아니라도 늘 변하는 게 일자리지만, 돌발적 거리 두기가 변화 양상을 한층 가속화한 건 사실이다. 가령 기술혁신과 맞물려 보편화된 플랫폼 모델이 거리 두기 이후 비대면 배달 수요와 매칭되며 강력한 신규 일자리를 만들어냈다. 태어날 때부터 스마트폰에 익숙한 포노 사피엔스인 후속 세대에게 비대면 욕구 실현은 배달이라는 새롭되 강력한 일자리를 만들어냈다. 반면 익숙했던 집합·현장 기반의 출퇴근형 일자리는 일용직·파견직·아르바이트 등 고용 안정성이 취약한 비정규직 종사자부터 실업으로 내몰았다. 일자리는 시대 변화의 축소판이다. 또 시대 변화는 인구구조로 대부분 설명할 수 있다. 인구가 시대를 바꾸는 한편 시대도 인구를 바꾼다. 즉 인구 변수와 구조 변화로 일자리를 예측할 수 있다.

인구가 줄어들면 일자리는 어떻게 될까. 현실화된 인구 감소를 감안하면 관건은 일자리의 양적·질적 변화로 요약된다. 일자리의 결정 변수는 다종다양하며 차별적이고 전제 조건도 많다. 현재 일자리가 유지된다면 인구 감소는 노동 우위와 취업 개선을 뜻한다. 일할 사람이 줄어드니 노동 몸값은 올라가고 취업 기회는 늘어난다. 물론 현실은 다르다. 인구 감소가 고용 하락을 불러올 수도 있다. 이때 일자리를 결정하는 기업의 성장 여력이나 업종별 경기 상황, 로봇 등 대체 노동 파급 정도, 새로운 고용 수급을 규정할 기술혁신, 해외 생산 등 대외 환경, 정부의 일자리 지원 정책 등 셀 수 없이 다양한 변수가 작용할 수 있다. 신규 수요를 가늠할 인구구조의 설득력이 가장 중요하나, 그 밖에도 시대 변화가 낳은 수많은 복합 원인이 일자리에 영향을 미친다.

고도성장기 '인구 증가=취업 호황'의 등식은 확고했다. 내수와 수출 모두 장기간의 호황에 힘입어 끊임없는 고용 확보가 지속적인 수익 창출로 연결됐다. 특정 시점에 우수한 인재를 단번에 확보하려는 신입 사원 일괄 채용이란 독특한 제도도 고성장기 심각한 인재난을 돌파하기 위한 것이었다. 베이비부머의 대학 진학률이 30%대였다는 점에서 고학력의 일자리는 차고 넘칠 정도였다. 저금리·저달러·저유가에 힘입은 3저 호황은 사실상 클라이맥스였다. 호황 잔치는 1997년 외환 위기부터 급격히 돌아섰다. 한국 경제의 고공 행진이 종지부를 찍었음을 뜻하는 불행한 사건으로 이후 고용 사정은 악화됐다. 청년 취업은 막혔고, 기존 고용은 정규직에서 비정규직으로 악화됐다. 1983년 인구 유지선인 출산율 2.1명을 하향 돌파한 지 15년 지난 시점으로 생산가능인구의 신규 진입이 줄어들었다는 사실이 반영됐음에도 외환 위기의 충격은 일자리 공포로 이어졌다.

그럼에도 이후 일자리 총량은 늘었다. 금융 위기(2009년)와 코로나19(2020년)를 빼면 연간 취업자는 계속해 증가세를 보이고 있다.

실제 2005년 2,283만 명에서 2020년 2,690만 명으로 늘었다. 시점을 당겨 1965년(811만 명)과 비교하면 3배 이상이다. 2018년 생산가능인구가 하향세를 보였지만, 초기 단계로 반영 정도가 낮아 전체적인 취업자는 증가세다. 고용 통계에 잡히는 15세 이상 인구가 아직은 굳건해서다. 2005년 3,812만 명에서 2020년 4,479만 명으로 늘었다. 반면 실업자도 증가세다. 1965년 64만 명에서 2005년 89만 명, 2020년 111만 명 등으로 확장세다. 구직을 포기한 사람은 2005년 12만 4,000명에서 2020년 60만 5,000명까지 증가했다(2021·경제활동인구 조사). 정리하면 통계상 아직은 인구 증가와 취업 확대가 맞물린다. 인구 감소에 따른 취업 변화가 본격적이지 않다는 얘기다.

관심사는 앞으로의 일자리다. 2020년 출생자 수 27만 명을 보건대 이들이 경제활동인구로 편입되면 노동 공급은 확연히 줄어든다. 반면 65세로 잉여노동화되는 베이비부머는 2040년까지 연평균 85만 명이 대기한다. 일자리가 유지·확대되면 노동 가치는 올라갈 수밖에 없다. 구인 배수가 1을 웃돌기 때문이다. 다만 이는 어디까지나 현재적 가정일 따름이다. 안타깝게도 현실은 일자리 축소일 확률이 높다. 사라질 일자리와 새로운 일자리의 총합은 줄어들 전망이다. 일하는 사람에게 제공받을 재화 수요가 인구 감소로 축소되기 때문이다.

고령화로 관련 수요가 반짝 호황을 만들고 난 후 다사(多死, 초고령 사회를 맞아 사망자가 급격하게 늘어나는 것을 말한다) 사회로 접어들면 인구 감소가 전체 수요를 끌어내릴 수밖에 없다. 실제 경제활동인구와 취

표 1 경제활동 및 고용 관련 주요 통계 추세(기준: -천 명)

	15세 이상 인구	경제활동인구	취업자	취업자 증감	실업자	비경제활동인구
1965	15,367	8,754	8,112	–	642	6,613
1970	17,468	10,062	9,617	332	445	7,407
1975	20,918	12,193	11,691	270	501	8,726
1980	24,463	14,431	13,683	81	748	10,032
1985	27,553	15,592	14,970	541	622	11,961
1990	30,887	18,539	18,085	525	454	12,348
1995	33,659	20,845	20,414	566	430	12,814
2000	36,192	22,151	21,173	882	978	14,041
2005	38,120	23,718	22,831	149	887	14,401
2010	40,825	24,956	24,033	345	924	15,868
2015	43,239	27,153	26,178	281	976	16,086
2020	44,785	28,012	26,904	−218	1,108	16,773

- 출처: 통계청(경제활동인구 조사)

업자 수의 갭은 커진다. 2020년 각각 2,801만 명과 2,690만 명으로 111만 명의 괴리가 있다. 이것이 실질적인 실업인구다. 반면 호황이 절정을 이루던 1995년은 각각 2,085만 명과 2,041만 명으로 44만 명에 불과했다. 취업자 만족도, 즉 일자리 품질도 중요하다. 공공 근로의 노인 일자리, 아르바이트 위주의 청년 일자리는 통계상 늘어도 좋은 일자리는 아니다.

● '인구가 줄면 일자리는 늘어날까' 오해와 진실

돌발 위기였던 코로나19 팬데믹 이전까지만 해도 일본의 취업 환경은 좋았다. 세간에선 '한국의 고용 지옥 vs 일본의 취업 천국'이란 비교까지 했다. 한국보다 빨랐던 인구 감소로 사회에 데뷔하는 청년 숫자는 줄었는데, 모처럼의 경기회복이 고용 기회를 늘렸기 때문이다. 한국도 저출산의 후속 주자가 사회에 데뷔할 10~20년 후면 청년 몸값이 높아지지 않을까 예측된다. 모든 조건이 같다면 '인구 감소=취업 개선'의 낙관적 전망인 셈이다. 실제 인력을 확보하지 못해 폐업이나 휴업을 하는 현장이 적잖고 구인 배수는 1을 한참 넘겼을 뿐만 아니라 실업률도 사실상의 완전고용까지 떨어졌다. 생산가능인구의 하향 반전이 노동 공급자의 우위 환경을 조성한 것이다. 우연의 일치일 수도 있겠으나, 1995년 생산가능인구가 줄고 18년이 흐른 2013년 아베 정부부터 청년 취업이 개선됐다. 이런 상황을 한국에 투영하면 대략 2035년경 즈음에야 청년 취업이 개선될 수 있다는 의미다.

내밀한 속내까지 들여다보면 장밋빛 전망일 듯하다. 그러나 인구가 줄면 일자리는 늘어날까 하는 기대는 사실상 오해에 가깝다. 인구 변화보다 기술혁신과 생산성 향상 등이 더 결정적이다. 일자리는 인구 변화보다 경기회복이 관건이라는 의미다. 동시에 일본의 취업 상황이 개선된 것이 진실인지도 따져볼 문제다. 통계는 좋아도 체감은 나쁘다는 증거가 적잖다. 대졸 취업률만 해도 전수조사를 하는 한국과 달리 일본은 상위 62개 대학(약 4,800명 · 일부 그룹 표본조사) 졸업자를 대상으로 한다. 유급자는 빠지고 비정규직이 포함될뿐더러 대학진학률이 50%대인 점을 고려하면 취업 천국이라 하기에는 부족하다. 1990년대 중반 취업 빙하기로 불리던 시절에도 취업률이 90%대였으니 애초부터 통계를 비교하는 것이 무의미하다.

고용 품질도 분석 대상이다. 고용이 늘어도 품질이 낮으면 곤란하듯 실제로는 '취업 개선≠소득 증가'라는 불만의 소리가 높다. 일자리가 많아도 장기적이고 안정적인 정규직이 아닌 단기적이거나 주변부의 저임금 일자리면 힘들다. 대기업 등 고용 안정과 보수 수준이 높은 좋은 일자리는 여전히 경쟁이 치열하다. 뽑아도 종신 고용보다 단년 계약을 활용한다. 좋은 일자리의 구직난은 여전한 셈이다. 탄력적인 고용 조정을 볼 때 장기 취업을 전제로 한 청년 고용을 부담스럽게 여기는 기업도 적지 않다.

일자리 수 자체가 한일 양국이 다르다는 점도 차별적이다. 고용·취업 유발과 직간접적으로 연결되는 산업구조의 양국 격차 때문이다. 코로나19 이후 취약 계층의 고용을 확보하기 위해 정부가 공공 근로 모집을 선호했듯 일자리는 고용 환경과 직결된다. 그렇다면 일자리는 국내 생산과 내수 소비의 영향을 받는다. 이런 점에서 일본은 확실한 내수 국가다. 1990년대까지만 해도 무역 강국·수출 대국을 통해 GDP를 끌어올렸지만, 불황 이후 산업을 재편해 현재는 선진국형 내수 경제로 변신했다. 무역수지 악화를 소득수지의 증진으로 벌충하며 총합인 경상수지를 흑자로 만들어낸다. 2000년대부터 본격화된 '수출 → 내수'로 산업을 재편한 결과, GDP의 80~90%를 내수가 도맡는다.

반면 한국은 해외 수출이 경기 상황을 지배하는 전형적인 대기업의 수출 주도형이 여전히 굳건하다. 일본은 고용 없는 성장과 생산성 개선으로 수출용 제조 현장의 일자리가 급속히 줄어드는 한국과 다르다. 일본의 높은 내수 의존도는 일자리가 안정적으로 제공됨을 뜻한다. 자동화와 기계화로 인력을 절감하는 생산 현장이 늘지만, 속도와 범위는 제한적이다. 또 의료, 간병을 필두로 한 '제조업 → 서비스업'의 활발한 방향 전환도 꾸준한 고용 확대를 낳는다. 당연히 고용 창출 효과는 제조보다 서비스업이 높다.

일본 특유의 일자리와 관련한 고집스러운 근로 형태와 근무 환경도 차별적인 포인트다. 《인구 감소가 한국 취업 희망자들에게도 축복이 될까》라는 보고서를 보면 매뉴얼 사회답게 원칙적인 인력 배치를 확실히 준수하는 편이다(국민대일본학연구소). '고용=비용'의 인식대로면 변칙적인 고용 축소가 우려되나 그럴 가능성은 극히 낮다.

가령 도로변 건설 현장의 경우 일본은 교통 유도원 등 안전 관리를 위한 인원을 반드시 배치한다. 교차로마다 한국처럼 마네킹이 아닌 수 명의 인력을 배치하도록 의무화했다. 장인 정신을 중요시해 기계로 대체하기보다 사람을 선호한다. 그래서인지 공장 제품과 숙련인력의 가치에 차별적인 가격을 설정해 기계화에 맞서는 경우가 적잖다. 매뉴얼을 고집하고 멀티플레이어가 부족해 상대적으로 다수의 직원이 필요하다는 역설도 있다. 책임 범위 안에서만 일하니 그 범위를 넘어서는 일은 다른 인원에게 맡길 수밖에 없다. 능력보다 경험을 중시해 노련한 기존 인력을 대접해주는 고용 관행도 필요 인력 최소화에 익숙한 한국과는 구분된다.

요약하면 인구 감소는 닮았어도 취업 천국까지 일본을 따라갈지는 미지수다. 취업 개선을 실현하는 데 있어 수많은 차별점이 존재해서다. 충격적인 저출산 등 통계적인 공급 감소만 보면 청년 몸값 상승은 기대되나, 그것만으로 완벽히 설명하기란 어려운 일이다. 노동 공급이 줄어들지언정 노동 수요가 비례해 감소하면 의미가 없다. 통계에 가려진 일본의 내면을 볼 때 청년 증발에도 핍박적인 고용 악화가 계속될 우려가 있다. 종신 고용과 연공서열의 고비용적 노동 관행에 익숙한 일본마저 '고용=비용'의 시장 원리적 경영 철학을 받아들이는 판에 한국은 두말하면 잔소리다. 그렇다면 숫자가 줄면 가격이 뛴다는 원칙은 지켜지기 어렵다. 경직적인 수출과 내수의 쏠림 현상도 쉽게 바뀌진 않을 전망이다. 그나마 돈을 버는 수출을 평가 절하할 이유도 없다. 장기적으로는 일자리를 둘러싼 기능 부전의 낙수 효과 대신 내수 기반의 분수 효과를 고려할 필요가 있다.

⬤ 인구 감소와 탈(脫)제조 · 향(向)서비스

경제는 인구로 설명되며 일자리도 그렇다. 소비가 늘어야 매출이 생기고, 고용도 개선된다. 달라진 소비 욕구를 자극할 새로운 수요가 창출되지 않는 한, 많은 걸 충분히 갖춘 성숙 경제발 인구 감소는 소비 축소 · 고용 악화를 불러올 확률이 높다. 놀라운 기술혁신을 볼 때 성장할지언정 고용 호전 효과는 기대 이하다. 대세가 된 고용 없는 성장의 후폭풍은 갈수록 거세질 전망이다. 1% 성장 시 늘어날 고용 비율을 뜻하는 고용 탄성치(고용 흡수력)는 실제 하락 추세를 보인다. 1970년대 0.5%대에서 지금은 0.2%대까지 추락했다.

표 2 부문별 취업 계수 및 고용 계수(명/10억 원)

	취업 계수			고용 계수		
	2017년	2018년	2019년	2017년	2018년	2019년
농 림 수 산 품	19.0	19.5	20.3	1.7	1.7	1.6
광 산 품	4.4	3.9	3.6	4.4	3.9	3.3
공 산 품	2.2	2.1	2.1	1.9	1.9	1.9
소 비 재 제 품	3.6	3.4	3.2	2.7	2.6	2.4
기 초 소 재 제 품	1.5	1.5	1.4	1.4	1.3	1.3
조 립 가 공 제 품	1.9	1.9	1.9	1.8	1.7	1.8
제조 임가공·산업용 장비 수리	7.8	7.3	7.9	7.0	6.6	7.3
전력·가스·수도 및 폐기물	1.7	1.7	1.7	1.5	1.5	1.6
건 설	6.5	6.6	6.5	5.0	5.2	5.1
서 비 스	9.1	8.6	8.4	6.7	6.4	6.2
도 소 매 및 운 송	11.8	11.2	10.8	6.9	6.7	6.4
생 산 자 서 비 스	5.4	5.2	5.1	4.8	4.5	4.5
사 회 서 비 스	10.7	10.3	9.8	9.7	9.3	8.9
소 비 자 서 비 스	14.1	13.0	12.8	8.1	7.5	7.3
전 산 업	5.9	5.6	5.6	4.3	4.1	4.1

- 출처: 한국은행(2019년 산업연관표)

고용·취업 유발 효과도 악화된다. 전산업 취업 계수는 2017년 5.9명에서 2019년 5.6명으로, 고용 계수는 4.3명에서 4.1명으로 축소됐다. 둘 다 고도성장이 한창일 때는 20~30명대를 찍었으니 낙폭이 꽤 크다. 수출 의존도가 높은 산업구조상 일자리의 절대 지분을 차지했던 공산품의 취업·고용 계수는 2019년 2.1명과 1.9명까지 쪼그라들었다. 매출이 1조 원 늘어도 신규 고용은 1,900명에 불과하다는 얘기다(2019·산업연관표). 수출이 좋아도 고용은 크게 늘지 않음을 알려준다. 수출 유도형의 낙수 효과가 힘을 발휘하지 못한다는 의미다.

고용 없는 성장은 생산성 향상에 힘입어 한층 가속화될 전망이다. '더 적은 일자리로 더 좋은 생산성'의 마법(?)은 인구 감소에도 더 빠른 속도로 고용량을 줄인다. 중소·대기업별 생산성 격차가 벌어진다는 점에서 기업 규모별 고용 양극화도 예상된다. 1983년 노동생산성은 대기업(9.94)·중소기업(5.07)의 차이가 크지 않았는데, 2017년은 각각 145.39, 48.68로 3배가량 벌어졌다. 대기업처럼 좋은 일자리가 더 빨리 줄어든다는 뜻이다.

물론 경제성장과 인구 변화는 완벽히 일치하지는 않는다. 인구 변화는 경제성장을 좌우하는 숱한 변수 중 하나다. 한국처럼 수출 주도형 성장 국가는 차라리 해외시장·기술혁신과 함께 생산성을 향상시키려는 노력이 더 결정적이다. 그렇다면 인구 변화와 무관하게 수출과 실적은 늘며 GDP도 성장한다. 이를 뒷받침하듯 고용 투입량을 늘려 성장하던 때는 지나갔다. 생산가능인구의 하락 반전도 노동 부족은커녕 성장 토대를 훼손하지 않는다. 반면 내수 부문으로 눈을 돌리면 사정은 달라진다. 인구 변화가 내수 소비에 큰 영향을 미치기 때문이다.

그도 그럴 게 취업 유발 구성비는 소비(57.2%)가 수출(21.3%)·투자(21.5%)보다 월등하다(2019년). 10억 소비 발생 시 소비(12.2명)의 취업 유발(직간접 포함)이 투자(9.9명)·수출(6.9명)보다 크다는 의미다. 즉 인구 감소가 소비 축소와 고용 감소로 이어질 수밖에 없다. 현재 같은 산업구조라면 인구 감소와 고용 불안은 지속된다. 일자리의 총량이 감소하는 것은 기정사실이다. GDP 대비 내수 비중이 월등히 높은 일본에서 구인 배수가 1을 웃돌고, 중복 합격 속에서 회사를 골라 가는 노동 우위는 펼쳐지기 어렵다.

한편 인구 변화와 연결된 고용 확장형의 기대 산업도 있다. 1,700만 베이비부머의 고령화를 떠받칠 서비스 산업이 그렇다. 실제 일자리 파급효과가 큰 업종은 건설업과 서비스업이다. 2019년 각각 6.5명·5.1명, 8.4명·6.2명에 달한다. 경기 부양의 단골 주제였던 토건 수요보다 서비스의 유발 효과가 더 크다. 특히 의료·간병 등 복지 수요와 직결되는 사회서비스의 취업·고용 계수에 주목할 필요가 있다. 추세상 줄지만, 2019년 각각 9.8명·8.9명의 일자리 창출 효과가 확인된다.

따라서 탈(脫)제조 및 향(向)서비스화는 일자리 제공 환경에 우호적이다. 서비스업의 확대와 성장을 위한 정책 유도는 그만큼 중차대한 사회 의제일 수밖에 없다. 인구 감소기에 고용 유지의 첨병 역할을 기대할 수 있다.

인구 감소가 유발하는 무한 경쟁, '왜 테슬라는 술까지 팔까?'

자원을 확보하기 위한 경쟁은 한층 치열하게 펼쳐지고 있다. 숫자가 적기에 더 빨리, 더 많이 갖고자 거센 경쟁 구도가 성립된다. 공급이 제한된 재화의 숙명이다. 그렇다면 인구는 어떨까. 공급 감소가 가격 상승을 이끄는 건 인구도 마찬가지다. 이론적으로는 '인구 감소=몸값 상승'이다. 저출산으로 일본의 청년 몸값이 뛴 배경이다. 경기회복이라는 외부 효과도 컸지만, 고용 수준이 동일하면 '청년 감소=희귀 자원'은 자연스럽다.

따라서 2020년 사상 초유의 자연 감소(출생자-사망자=마이너스)는 한국에 중대한 문제로 작용한다. 인구 감소는 곧 고객 감소를 의미한다. 기업으로선 인구 감소 속 고객 확보가 절체절명의 과제다. 상호 영역을 지켜주던 업종 구분은 무의미해졌다. 타사 사업을 양보하던 신사협정은 설 땅을 잃었다. 제조·유통·서비스의 영역이 본격적으로 파괴되고 있다. 무차별적인 전체 경쟁의 시대가 온 것이다.

● 인구 감소가 불러온 생존 원칙, '고객 또 고객'

국부론의 명성은 사실상 완전경쟁과 사유재산의 개념을 도입한 데서 비롯되었다. 보이지 않는 손이 수급을 만나 균형가격을 형성할 때 사회 후생의 극대화가 실현된다는 논리다. 중요한 건 수급, 즉 수요와 공급이다. 그 변화가 가격 결정, 사업 성패와 직결된다. 매스 시대엔 공급이 수요를 결정했다. 실제로도 그럴까. 아쉽게도 수요가 공급을 정한다는 유효수요론이 더 유효하다. 수요가 탄탄해야 공급도 수반된다는 생각이다. 인구경제학은 여기서 출발한다. '수요=인구'인 까닭이다.

'인구=국력'은 몰라도 '인구=수요'가 맞는다면 고객 증발은 이미 시작됐다. 저출산(청년 감소)과 고령화(노년 증가)의 양방향이다. 고령화의 경우 당장은 숫자와 비중이 계속 증가하나, 곧 다사 사회로 진입할 수밖에 없어 길게는 덩치가 축소될 것이다. 노년 특유의 소득 단절·미래 불안에 따른 핍박 소비를 감안하면 노년층이 수요 증가로 연결될지도 미지수다. 축적한 자산이 꽤 탄탄한 1,700만 베이비부머가 2020년부터 노년에 진입(65세)하기 시작해 큰 덩치에 걸맞은 소비 버팀목이 될 것으로 기대되지만, 이런 현상이 장기적으로 지속될지는 알 수 없다.

당면한 이슈는 역시 저출산에 따른 인구·고객·소비 감소 우려다. 이는 현역 세대 전반을 아우르는 묵직한 수요 감소를 뜻한다. 15~64세인 생산가능인구의 하향 반전(2018년) 이래 경제 허리는 실제 현격히 빈약해졌다. 2021년 기준 40만 명(진입 인구)이 보태지고

80만 명(제외 인구)이 빠지니 당연한 일이다. 출생아 수 정점인 1971년 생(102만 명)도 벌써 50줄에 들어섰다. 특히 MZ세대인 생산가능인구의 하단 그룹은 급감했다. 2020년에 태어난 출생자 수는 27만 명까지 떨어졌다.

◖● 인구 변화 속 테슬라와 아마존의 '낯선 도전 큰 의미'

인구 충격에 맞설 생존·성장 전략의 수립은 필수다. 목표는 단순하다. 인구 감소에 맞선 고객 확대다. 문제는 방법론인데, 좋은 예가 테슬라와 아마존이다. 2020년 테슬라는 술까지 사업 모델에 편입했다. 자동차 메이커와 술은 부딪히는 키워드다. 그럼에도 '테슬라 테킬라'를 내놨는데, 이 제품은 인기리에 판매되었다. 직접 생산을 하는 것은 아니지만 테슬라 브랜드로 팔려 사실상 영역 확장이라 할 수 있다. 실은 테슬라는 이미 의류·텀블러·우산 등 생활 잡화부터 금융 영역인 보험까지 라인업에 넣었다. 말 많던 보험은 간편함과 저가를 내세워 클릭 3회로 가입을 끝내도록 해 고객의 지지를 받았다.

심지어 사명에서도 '모터스'를 뺐다. 에너지 등 관계있는 분야는 몰라도 다른 업종으로 보폭을 확대한 것은 고객을 선점하고 연결된 수요를 늘리기 위해서다. 이를 시장은 테크노믹스(technomics)라 한다. 달라진 기술이 새로운 경제를 열어젖힌다는 평가다. 네트워크를 품은 플랫폼 BM(비즈니스 모델)의 확장력에 올라타 소수 고객의 다양한 추가 수요를 장악하려는 시도다. 본업을 넘어 고객이 필요한 건 모두 끌어와 팔겠다는 식이다. 결국 룰은 '전체 참가형 무한 경쟁'으로 요약된다.

아마존은 더는 IT 기반의 유통업체에 머물지 않는다. 최근 10년 간 연평균 ±30%의 성장률은 고객 발굴의 파워를 단적으로 보여준다. 온라인으로 책을 파는 모델로 시작한 아마존은 이제 무엇이든 가리지 않고 먹는 거대 공룡이 됐다. 처음에는 큐레이션 특화 서비스로 오프라인 매장(아마존북스) 정도였지만, 지금은 전자 기기·가정용품·의류·여행·식자재 등을 취급하는 온라인 백화점이 됐다.

아마존은 온라인 유통을 넘어 오프라인 물류와 제조를 아우르며 B2B·B2C 등 산업 영역을 초월한 사업 다각화를 꾀함으로써 2018년 말 기준 직접 출시한 135개의 PL을 보유했다. 독점 계약까지 더하면 500개에 육박한다. 온라인의 파워에 M&A가 더해진 행보는 기존 업체로선 위협적일 수밖에 없다. 아마존이 특정 산업에 진출해 다른 업체가 위기에 직면하는 걸 '아마존 되다(To be Amazoned)'라고 부를 정도다.

● 무한 경쟁 본격화 '인구가 줄어도 고객을 늘리자'

테슬라와 아마존의 이업종 신규 진출은 논쟁거리다. 문어발식 확장이란 표현처럼 거대 자본이 시장을 교란한다는 우려 탓이다. 충분히 고개가 끄덕여지는 대목이다. 다만 옳고 그름은 별도 이슈다. 그 와중에 고객을 확보하기 위한 무한 경쟁은 당위와는 무관하다. 그저 눈앞에서 확인된 냉엄한 현실 이슈일 뿐이다. 조정하고 규제해도 업종을 초월한 무한 경쟁은 불가피한 트렌드다. 신기술의 등장과 혁신적 수요 창출은 대세가 됐다. 인구 변화에 따른 고객 감소가 한창인 초고령사회 일본도 비슷한 추세다. 아마존의 출사표가 내수 시장을 뒤흔들었다. 54%의 소비자가 상품 검색 때 아마존부터 찾는다. 내수 비중(GDP 대비 85%)이 큰 일본의 경쟁사로선 심각한 위협이다.

무한 경쟁은 본격화됐다. 제조사가 고객 서비스를 늘리고, 유통 점포가 직접 제조에 나서며, 서비스업체가 제품과 서비스를 만들기 시작했다. 단계별로 보호받던 전공정·후공정의 영역 파괴가 심화되었다. '제조+유통+서비스'의 경쟁 구도다. 누구든 줄어든 집토끼·산토끼 모두를 잡아야 할 환경인 까닭이다. 가성비를 넘어 가심비(가격 대비 심리적 만족감)와 브랜드 스토리까지 내걸며 가장 편리하고 만족스러운 소비 효과를 증명해야 할 기로에 섰다.

일본의 예를 들면 점포를 나눠 식자재를 팔다 레스토랑까지 만든 쌀가게 아코메야, 책과 생활용품에 이어 전문 컨설팅까지 연결한 쓰타야 서점, 시식 공간을 넓혀 아예 식당을 개업한 슈퍼마켓 이온리테일 등이 대표적이다. 고객 접점이 넓은 편의점은 반찬이나 고기 판매를 넘어 생활에 필요한 피트니스 센터·코인 세탁소·자전거 공유·간병 상담 분야까지 진출했다.

무한 경쟁의 포인트는 하나로 갈무리된다. 줄어들고 달라진 고객의 요구를 발굴하고 새롭게 제안하는 것이다. 출발 지점은 역시 인구 감소 속 비중 변화다. 이에 맞선 주된 대응법이 바로 업종 파괴인 것이다. 위기 극복용 대응 카드란 점에서 옳다 그르다 논쟁하기보다는 현상 자체에 주목하는 게 좋다.

동시에 자본력만 내세운 무분별한 신규 도전은 경계해야 한다. 앞에서 설명한 사례는 문어발식과는 다소 구분된다. 즉 신규 진출과 업종 전환의 방향은 독자 행보보다 합종 연횡에 가깝다. 본업의 경쟁력은 한층 강화하되(합종) 갖추지 못한 부분은 외부와 협업하는(연횡) 게 주류다. 테슬라와 아마존도 보유하고 있는 고객 정보와 강력한 알고리즘을 타사와의 협업 모델과 엮어 고객과의 거리를 좁혔다는 평가다. 일본의 사례도 본업에서 시작한 연계·협력형 혁신 실험으로 보는 게 타당하다. 이는 기존의 방식을 혁파하고 상상을 초월한 경쟁이 필수가 되었음을 의미한다.

초고령사회,
간병 급증은 위기인가 기회인가?

누구나 걸릴 수 있다. 예외는 없다. 그럼에도 위기감은 그렇게 크지 않다. 일부 사례일 뿐 본인과는 무관하길 바란다. 코로나19 감염 이슈가 그렇다.

초고령사회에 동반하는 악재인 간병 화두도 마찬가지다. 아직은 잠재적이나 일상화될 날이 머잖았다. 간병 이슈는 경험해본 사람만이 안다. 직간접적 부담이 얼마나 큰지는 닥쳐야 실감한다. 강 건너 불구경하듯 해선 곤란하다. 날 선 인구 변화는 일찍이 간병 사회가 임박했음을 예고했다. 팬데믹처럼 사후 약방문은 곤란하고 반드시 플랜을 수립해야 한다.

아직은 중년사회다. 20년간(1955~1975년생) 집중적으로 태어난 1,700만 명의 베이비부머 덕분에 한국 사회를 떠받칠 허리는 두껍고 강하다. 그렇지만 오늘의 중년은 내일의 노년이다. 평균수명이 늘면서 신체적 노화와 경제적 곤란에서 비켜서기란 어려운 일이 되었다.

늙음이 사회 의제가 되기엔 아직은 여유롭다. 2017년 고령사회(고령인구/전체 인구=14%↑)가 됐으니 초고령사회(20%↑)까지는 시간이 있다. 2019년 기준 15.5% 수준으로, 간병 이슈가 사회문제로 불거진 가장 늙은 국가인 일본의 28.4%(2020년 1월)를 봐도 한국은 아직 중년사회라는 기준에 부합한다. 다만 출산율 급락이 반복되면 시점은 앞당겨진다. 분모가 줄면 분수값이 올라가듯 늙어가는 속도와 범위가 걱정스럽다. 이대로라면 고령인구 전성시대는 순식간에 다가온다.

●● 이대로면 순식간에 20%대 초고령사회 진입 확실시

분자(후속 인구)의 급감은 분수값을 드라마틱하게 뒤흔든다. 추계대로라면 한국은 2025년 고령인구 비율이 20%를 넘어서 초고령사회에 들어선다. 이후 2030년(25.5%), 2040년(34.4%), 2050년(40.1%), 2070년(46.4%)처럼 기울기가 급해진다(장래인구추계: 2020~2070년). 현행보다 높은 출산율을 반영한 추계인데도 낙관적이진 않다. 인식 전환과 제도 개혁이 시급한 이유다. 따라서 '일흔=젊음'까진 아니라도 환갑을 늙지 않았다고 보는 인식의 변화가 필요하다. 70세부터 노년기로 보자는 제안이다. 70세, 정확히는 75세부터 자연 노화가 본격화돼서다.

중년인구의 대량 등장은 노년사회의 양적 팽창을 뜻한다. 새로운 연령 구분선을 적용한 중년 30년(40~70세)은 2021년 말 기준 45.7%(2,368만 명)에 달한다. 이들이 70세를 향해 가고 있다. 2025년이면 베이비부머 맏형(1955년생)부터 만으로 70세가 된다. 이때부터 20년간 생산가능인구의 절반가량이 실질적인 '부양 인구 → 피부양 인구'로 전환된다. 일흔 노인은 2015년 9%에서 2035년 22.0%, 2050년 32.3%까지 증가한다. 이로써 중위 연령마저 하염없이 늘어 2015년 40.8세에서 2020년 43.7세, 2050년 57.9세, 2060년 61.2세로 치솟는다. 동일 기간 세계 평균(29.6세 → 37.3세)과는 비교조차 무의미하다.

결국 노화 사회로 불릴 날은 머잖았다. 지금처럼 몰려서 따라가는 정책 대응보다는 선제적이고 미시적인 대책을 구축하는 것이 바람직하다. 환갑 이후를 젊음으로 봐도 시간 여유는 10년뿐이다. 일흔부터는 상황이 달라져 노화가 불가피하다. 노화 정도에 걸맞은 상황 변화에 직면할 수밖에 없다. 능동적인 생활 주체에서 수동적인 사회 약자로 무게중심이 옮겨 간다. 봉양할 대상이 급증하는 것이다. 노년 부양비(고령인구/생산가능인구)를 보면 2010년 14.8명에서 2020년 21.8명, 2030년 38.6명을 넘고 2060년엔 90.4명까지 늘어난다. 2070년에는 마지노선인 100명(100.6명)을 뚫을 기세다.

해외 사례까지 찾을 필요는 없다. 소멸 위기에 처한 한국 농촌의 현실이 정해진 미래다. 아기 울음소리가 사라진 지 옛날이며, 기름진 농지는 일손이 없어 방치된다. 근본적인 개혁과 광범위한 준비가 아니면 '노년 급증 → 봉양 부담 → 지속 불능'의 흐름 속에서 간병 악재는 방치될 수밖에 없다. 초고령사회는 먼 얘기가 아니다. 급변하는 인구통계의 경고문처럼 출구 모색이 절실한 배경이다.

● 한국은 간병 사회를 준비하고 있는가?

노화된 사회가 개막하며 생기는 불편과 불안한 갈등 지점은 간병 이
슈로 귀결된다. 늙으면 아플 수밖에 없다. 더 벌 수도 없거니와 더 쓰
는 상황이 이어진다. 삶의 주체에서 병을 걱정하는 객체로의 전환은
비용과 심리 불안을 높여 생활의 질을 떨어뜨린다. 문제는 대응 정도
다. 사실상 제도가 발생 수요를 따라가지 못해 결국 간병 문제는 개
별 책임으로 전가된다. 혹은 제도와 현실의 괴리로 불협화음을 내는
사례가 적잖다.

앞으로는 잠재적인 간병 필요가 폭증할 것이다. 현재 70세를 넘
긴 고령인구는 11.2%(2021년 12월 기준 582만 명)에 불과하다. 유병 비
율이 급증하는 75세부터 따져도 371만 명 수준이다. 전체 인구 중
7.2%로 이들이 간병 대상에 포함되는 직간접적 잠재 그룹에 속한다
(2021.12·행정안전부 주민등록인구통계). 이 정도 숫자인데도 간병 문제의
민감도와 시급성이 심각한데 초고령사회에 불어올 후폭풍은 불 보듯
뻔하다. 다시 한번 말하자면 70세 이상은 2035년 20%대를 넘기고,
2050년 30%가 넘는 규모로 확대된다.

베이비부머가 일흔에 달할 2025년이 코앞이다. 건강 수명에 포
함되는 70~74세를 빼도 2030년부터 매년 적어도 70만~80만 명, 많
으면 100만 명이 이후 20년간 75세로 들어선다. 간병 공포가 현실화
될 수밖에 없다. 절대다수는 어떤 질환에든 걸릴 가능성이 높다. 가벼
운 병이면 다행이지만, 75세를 넘기면 치명적인 질환에 걸릴 확률이
급증한다.

75세부터의 유병 확률은 치매 발병에서 심각성을 확인할 수 있다. 고령인구 중 치매 환자는 2017년 9.94%(70만 명)다. 10명 중 1명 꼴로 12분마다 1명씩 생겨난다. 그나마 확정이 아닌 추정치다. 치매의 특성상 감춰진 환자는 많다. 65~69세(7.1%), 70~74세(6.9%)는 평균 이하지만, 75세 이후부터는 발생 비중이 급증한다. 75~79세(21.3%), 80~84세(26.0%), 85세 이상(38.8%)으로 조사된다(2019·중앙치매센터).

앞으로가 문제인데, 잠재 환자의 증가와 함께 '경증 → 중증'으로 질환이 심화되는 것도 당연한 수순이라 할 수 있다. 비용이 부담되는 것은 두말하면 잔소리다. 더 내고 덜 받는 복지 개편과 무관하게 사회와 개인 비용 모두 천문학적 수준으로 높아질 전망이다.

그림 4 한국의 치매 환자 수 증가 추이

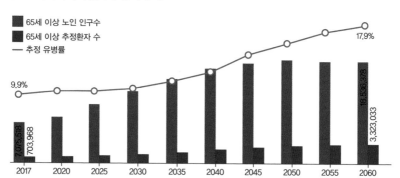

- 출처: 중앙치매센터, 《2018 중앙치매센터 연차 보고서》, p.3, 2019. 2. 1

● 유병 노후가 불러온 위기에서 기회 찾기

유병 노후는 인구 변화의 특징이자 위기와 기회를 동시에 담고 있다. 즉 양면적인 사회 트렌드다. 유병 노후는 '기대 수명-건강 수명'의 차이로 계산한다. 건강한 장수가 중요하다면 차이는 적을수록 좋다. 한국은 2020년 기준 17.2년(83.5세-66.3세)의 유병 노후가 예상된다(통계청 (2021), 〈생명표, 국가승인통계 제101035호〉). 건강만 아니라 경제·활동·관계 등 종합적인 행복 수명(74.6세)은 선진국보다 짧다. '기대 수명-행복 수명'의 차이는 한국(8.5년), 영국(5.7년), 미국(4.3년) 등으로 추산된다.

그렇다면 유병 노후는 또 다른 한국적 특징이라 할 수 있다. 지속 가능성이 떨어지니 당연히 위기 변수로 기능한다. 간병 확대는 사회 전체의 비용 부담을 요구한다. 가뜩이나 팬데믹에 따른 불황으로 재정 투입이 확대되었는데, 간병 비용까지 늘어난다면 건전성은 더 떨어진다. 복지 지출의 급증과 무관하게 성장까지 멈춰 증세에 기댈 수도 없다.

따라서 위기를 타파할 묘책이 필요하다. 대응 여하에 따라 확정된 위기는 새로운 기회로 탈바꿈한다. 간병 사회는 인구 변화가 낳은 미래 풍경이다. 인구 변화의 흐름에 맞춰 지속 가능성을 확보하려면 패러다임을 전환해야 한다. '고성장 → 저성장'에 맞춰 고안된 과거 시스템을 수정해 수축 사회에 맞도록 재편하는 게 맞다.

노후 이슈를 생산적인 사회 투자로 인식해 새로운 부가가치를 창출할 혁신 모델로 삼는 게 중요하다. 고령 산업을 간병과 의료만이 아닌 생활 전반과 관련 있는 산업으로 시장화하는 게 바람직하다. 그래야 새로운 소비 시장이 형성된다. 노년 집단의 새로운 욕구는 내수 산업을 활성화할 요소다.

그림 5 연령 계층별 인구구조, 1960~2070년(중위)

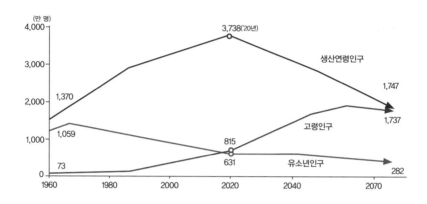

연령 계층별 인구 구성비, 1960~2070년(중위)

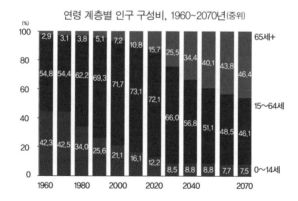

- 출처: 통계청(2021), 〈장래인구추계: 2020~2070년〉

집단을 세분화하라!
시니어 마켓

저출산·고령화가 트렌드를 넘어 패러다임이 되면서 '위기 → 기회'로 도약하는 것은 절체절명의 과제인 듯하다. 다만 모두가 인구 변화의 허들을 뛰어넘기란 어려운 일이다. 관건은 정확한 이해와 새로운 전략이다.

즉 인구 완전 정복이 대전제다. 이는 정부·기업·개인 등 모든 영역을 아우른다. 인구의 무겁고 폭넓은 성격 때문이다. 인구는 달라진 시대에 걸맞게 정책·사업 모델·생활 기준의 변화가 필요할 때 상수(常數)에 가깝다. 위기를 기회로 뒤바꿀 강력한 기초 통계다.

인구 변화가 기회라면 가장 먼저 관심을 가져야 할 영역은 시니어 마켓이다. 고령사회답게 해당 인구의 숫자와 비중이 꽤 커졌다. 고객이 많으면 시장은 자연스럽게 조성된다. 65세 이상 고령인구는 815만 명대다. 고령화 비율은 15.7%다(2020년). 추계 기관마다 다르나, ±2025년이면 20%(초고령사회)를 넘길 전망이다. 한국보다 더 늙은 국가인 일본·이탈리아·스페인도 한 세대(±30년) 정도 후면 한국에 밀린다. 지자체별로 이미 초고령사회가 된 곳도 생겨났다. 강원·전북·전남·경북은 10명 중 2명이 고령인구다(2021년 2월). 충격적인 출산율을 보건대 노년 비중은 급격히 늘어날 확률이 높다.

숫자가 시장을 뜻한다면 시니어 마켓의 잠재력은 상당하다. 양만 늘어나는 것이 아니라 질도 달라진다. 고령 시장은 40%대 중반의 상대 빈곤율 탓에 빈곤 고객이란 평가가 많다. 가난하면 시장이 형성되기 힘들지만 이제부터는 다르다. 고도성장과 함께 일해온 '요즘 어른'은 경제력이 탄탄하고 고학력에 가치관도 다양하다. 산업화와 민주화 덕에 부모보다 부유해진 마지막 세대란 점에서 달라진 소비 스타일에 주목할 필요가 있다.

천정부지의 강남 집값은 고령인구의 파워를 확인할 수 있게 해준다. 강남 집값과 고령인구가 비례관계인 까닭이다. 2019~2020년 강남 3구의 고령인구는 1년 새 1만 3,000여 명이 늘어 22만 8,000여 명을 기록했다. 2010년(13만 4,000명)보다 70% 늘었다. 자산과 소득을 바탕으로 한 높은 구매력이 강남 집값과 연결됐을 가능성이 있다. 실제 고령인구와 주택 가격은 정(正) 관계를 보인다(한국은행). 인구통계학적 변화 양상이 새로운 욕구 발현과 가격 결정에 영향을 끼쳐서다. '고령인구=안전 자산'이라는 생애 주기론의 파기는 60대의 늙음은 늙음이 아니라는 반론과 맥을 같이한다.

그렇다면 노인 연령 기준을 다시 설정하는 것이 맞다. UN처럼 75세는 돼야 고령인구로 보자는 취지다. 평균수명을 봐도 노인 연령을 연장하는 것은 설득력이 있다. 주요 선진국의 공적 연금 수급 연령은 70세를 향한 지 오래다.

● 무르익은 신시장 기대 '갈림길의 기업 대응'

생존과 성장을 미션으로 삼을 수밖에 없는 기업이 시니어 마켓에 관심을 갖는 건 당연하다. 인구 변화에 따른 사업 실현의 기회를 쥐고 있기 때문이다. 확인했다고 곧 도전하기엔 고려할 변수가 많다. 신시장이란 점에서 전략을 수립하는 것도 쉽지 않은 일이다. 고령화 비율 28%를 넘긴 일본 사례가 힌트를 줄 수 있다. 일본은 20년 전부터 시장성을 봤으나 생각보다 고전했다. 많은 상장 기업이 TF 팀을 만들고 신제품을 내놨지만, 고객의 반응은 탐탁지 않았다. 달라진 고객을 분석하고 그들의 욕구를 파악하기보다 과거 경험에 지배돼 고정관념에 따른 결과다. 이제야 조금씩 시니어 마켓이 형성될 정도다. 현실과 기대의 미스 매칭을 겪고 나서야 태세를 전환한 것은 지난 20년간 일본이 배운 뼈아픈 교훈 덕분이다.

시행착오에서 배운 일본은 지금 고령 욕구의 테스트베드가 되었다. 가능성을 믿고 꾸준히 분석·투자한 덕이다. 원하는 걸 주니 지갑은 열린다. 겉과 속이 달라진 새로운 고령 고객의 출현은 배리어프리(Barrier Free, 고령자나 장애인을 위해 물리적·제도적 장벽을 허물자는 운동)를 표준 모델로 흡수했다. 덕분에 더는 '늙은 고객' 식의 티 나는 접근은 없다. 그렇지만 여전히 인구 변화의 역풍에 먼저 선 사양 산업 위주라는 점은 아쉽다. 연령 산업에서 비켜선 경우 전략 수정은 제한 적이다.

그럼에도 한국과 일본은 다르다. 그 때문에 무조건적인 벤치마킹은 곤란하다. 닮은 것만큼 다른 것도 많다. 1,900조 엔의 가계 금융 자산 중 60%를 보유한 부자 노인이 많은 상황에서 시니어 마켓이 고전한 건 의미심장하다(2020년). 게다가 양국의 소비문화 차이도 크다. 즉 한국에 적합한 맞춤식 시니어 마켓을 조성해야 한다. 미래 소비가 고령인구에 달렸다면 기업은 기회를 잡을 대응책을 마련해야 한다.

훌쩍 바뀌어버린 거리와 간판 풍경이 힌트라 할 수 있다. 고령의 지갑은 대중교통부터 소매 유통·온라인 무대까지 장악했다. 학원 광고는 묘지 광고로, 산부인과는 정형외과로, 독서실은 요양 시설로, 인스턴트는 건강식으로 무게중심이 옮겨 갔다. 일본은 이 변화를 '새로운 어른(新しい大人) 시장'으로 본다. 그리고 과거 실패를 녹여내 해외 시장까지 노크하고 있다. 이처럼 선제적인 시장 장악과 차별화된 신제품 출시는 필수다.

●● 인구 혁신에 따른 시니어 마켓의 성공 조건은 무엇일까?

시니어 마켓의 기회는 적절한 타이밍에서 생겨난다. 이런 점에서 2020년은 도약 원년에 가깝다. 고령인구에 따른 인구통계학적 내용 변화가 본격화된 결과다. 즉 교육·주거·산업 등 한국 사회의 구조 변화를 주도한 베이비부머가 65세에 진입한 해이기 때문이다. 불확실성 속에 미래 기회가 간절한 만큼 시니어 마켓에서 비켜설 수 없는 이유다.

정부로서도 더는 시장 자율에 맡길 명분이 없다. 예고된 저성장의 충격을 줄이려면 새로운 산업을 유도하는 것이 불가피하다. 과도한 수출 의존과 부족한 내수 시장의 균형점을 맞추는 데 시니어 마켓만큼 유력한 분야도 없다. 늙음을 떠올릴 수밖에 없는 고령 친화 산업의 경직된 한계를 딛고 민간의 영역 파괴적인 다양한 혁신을 지지하는 게 좋다. 적어도 규정이 없다는 것을 이유로 뒷덜미를 잡아서는 곤란하다. 서비스 위주라는 시니어 마켓의 특성을 볼 때 고용 없는 제조업보다 일자리 창출 효과가 크다는 점도 주목할 만하다. 사상 초유의 한국적 저출산과 사회적 피폐감을 풀어줄 꽤 괜찮은 카드가 될 수도 있다.

시니어 마켓의 운명은 결국 기업에 달렸다. 일본 사례를 보면 동일한 조건에서도 성공과 실패가 엇갈린다. 한국도 비슷하다. 발 빠른 몇몇 기업은 달라진 요즘 어른과의 접촉을 늘리며 실험에 나섰다. 요즘 어른은 확실히 다르다. 예전 어른과는 뼛속까지 다름을 표방한다. 제도로는 늙었어도 현실에선 젊다. 즉 긍정적이고 적극적이며 개방적이다. 변화에 익숙할뿐더러 예전 패턴은 철저히 거부하는 상식 파괴의 소비 주역이다. 4070 세대를 중년으로 본다면 사실상 현역 소비의 연장과 비슷하다. 상대적으로 늙지도, 아프지도, 외롭지도 않은 신인류란 얘기다.

고령·노년·은퇴의 부정적 이미지에 함몰될 이유는 없다. 고령인구의 유형이나 그들이 지향하는 바가 제각각인 만큼 정밀한 욕구 분석은 아무리 강조해도 부족하다. 일본의 경우 고령 연령을 세분해 프리미엄시니어(65~74세), 미드시니어(75~84세), 업시니어(85세↑)로 구분한다(정책금융공고). 매스 고객으로 묶어 단순히 바라보는 대신 집단의 세분화로 차별된 수요를 찾기 위함이다.

1,700만 '젊은' 베이비부머가
대한민국을 좌우한다?

새로운 마켓을 조성하려면 베이비부머를 둘러싼 인식을 바꿀 필요가 있다. 인구 감소가 심각한 만큼 전폭적인 사회 투자를 통해 베이비부머를 한국 사회의 생존·성장 자원으로 쓰자는 것이다. 상식과 달리 베이비부머의 실제 규모와 영향력은 상당하다.

앞에서도 언급했듯 한국의 베이비부머는 통상 1955~1963년생을 뜻한다. 2021년 기준 58~66세다. 만 나이 기준으로 2020년부터 하나둘 '중년 → 노년'으로 바뀐다. 그렇다면 초고령사회(고령인구/전체 인구=20%↑)는 한층 빨리 다가올 것이다. 그 때문에 연령 기준을 높여 지속 가능성에 대비할 필요성이 커진다. 문제는 실질적인 베이비부머가 9년간의 740만 명보다 더 많다는 데 있다. 왜 1955~1963년생만 돌출된 인구 집단으로 보느냐를 둔 논쟁이다.

실제 1970년 이전 자료는 추정·보정치로 정확성이 떨어져 베이비부머의 규정이나 범위를 둘러싼 이견이 적잖다. 연구자에 따라

1980년대 초반까지 매년 80만 명이 태어났으니 20~30년을 부머 집단으로 보자는 의견도 있다. 그도 그럴 것이 1955~1963년생이 이전·이후 출생자보다 돌출되게 많을 때 부머란 명명이 허용된다.

하지만 1964년생(84만 명)이 1963년생(80만 명)보다 더 많다는 추정치도 있다. 이후 정부의 실측 통계 원념 시점인 1970년까지 출생자 수는 비슷하게 유지된다. 특히 1970년은 사상 최초로 출생자 수가 100만 명(100만 6,645명)을 넘겼다. 58년 개띠보다 70년 개띠가 부머로서 더 합치한다는 의미다. 이후 1976년에야 80만 명 선(79만 6,331명)이 깨진다. 1983년 2.1명의 인구 대체선을 하향 돌파한 것에 맞춰 이후 몇 년을 빼고서는 60만 명대로 굳었다.

결국 한국의 베이비부머는 작위적이다. 따라서 1955~1963년생보다 범위를 넓히는 게 옳다. 뚜렷한 출산율 하락이 시작된 1975년까지를 포함해 1955년부터 20년을 실질적인 인구학적 돌출 집단으로 보는 게 타당하다. 1955~1975년 베이비부머를 합하면 1,700만 명에 달한다. 이들이 2020년부터 20년간 고령인구로 들어서면 사회·경제적 후폭풍은 어렵잖게 예상할 수 있다.

덩치는 계속 불어난다. 연간 출산 40만 명대로 내려앉은 원년인 2002년생(2022년 현재 20세)까지, 즉 출생자 수가 적은 1975~2002년 매년 60만~70만 명대의 인구가 고령인구로 전환되는 것을 감안하면 적어도 ±2040년까지 기울기가 상당한 초고령화가 예상된다. 출생자 수가 30만 명 이하로 떨어진 2020년보다 1975~2002년 출생자수가 그나마 2배 이상인데도 그렇다. 그 때문에 9년간에 걸친 협의의 베이비부머만 상정하면 대응은 늦어질 수밖에 없다. 65세를 고령 인구의 시작으로 본다면 초고령사회라는 정해진 미래에 대한 경고는 확정적이다.

◖◗ '고령사회 → 중년사회'의 재편과 기대 효과

향후 20년에 걸친 베이비부머의 고령 편입은 수정 대상이다. 이 때 시급한 게 생애 주기별 연령 기준을 교체하는 것이다. 환갑잔치 가 사라졌듯 60대는 고령보다 중년으로 보는 게 옳다. 노인 유병이 70세부터 본격화된다는 점도 '60대=중년'에 힘을 싣는다. 일본만 해 도 75세 이후를 후기 고령자라 부르며 이때부터 실질적인 노인 대접 을 해준다.

그렇다면 청년(10~39세), 중년(40~69세), 노년(70세 이상)의 구분법 을 적용할 필요가 있다. UN도 현역 인구를 확장하는 새로운 연령 구 분법을 내놨다. 이미 시작된 선진국의 정년 연장선을 봐도 '70세= 노년'이 압도적이다. 고령 추세를 보나 사람들의 건강 수준·사회 활 동·사회 인식 등을 보나 해당 방식은 정합적이다. 늦어진 취업과 결 혼 시기 탓에 자녀가 독립하는 시기가 부모 나이 70세 전후인 경우 도 이를 뒷받침한다. '70세=노년' 연령 구분법을 채택하면 숙련 인 구를 활용하기가 수월해지고 재정을 절약할 수 있다. 이로써 고령화 사회에서 발생하는 갈등은 일정 부분 감쇄된다. 고령화를 중년화로 전환함으로써 현역 연장을 통한 생산 활동 기간을 최소 5년은 벌 수 있다. 영구적인 해법은 아니나, 5년은 개혁의 완성도를 높일 소중한 시간이다.

대안은 '고령사회 → 중년사회'로의 전환이다. 그렇다면 '젊은' 1,700만 베이비부머는 한국 사회의 빚이 아닌 힘이 될 조건을 두루 갖췄다. '늙은' 대신 '젊은' 베이비부머가 일궈낼 새로운 성과는 고무적이다.

무엇보다 잠재력이 상당하다. 당장 덩치에서 확인되는 수급 규모가 압도적이다. 중년(40~70세)은 청년·노년인구보다 숫자가 월등하다. 1990년 전체 인구의 23.9%(1,041만 명)에 불과했는데, 2010년 39.1%(1,876만 명), 2015년 42.7%(2,181만 명), 2021년 45.7%(2,368만 명)까지 불어난다. 이후에는 동일한 수준을 유지한다.

2035년 중년인구는 3대 연령 집단 중 단연 1위다(중위 추계). 반면 청년(35.4%)은 2,000만 명을 밑돈다. 70세 이상도 1,000만 명은 넘지만, 비중은 20.8%에 불과해진다. 왜 '젊은' 베이비부머에 주목할뿐더러 40~70세를 중년으로 봐야 할지 명확해진다. 특히 2021년 말 기준 60~64세(395만 명)·55~59세(423만 명)보다 50~54세(442만 명)·45~49세(437만 명)가 많다는 점에서 1955~1975년생으로 넓힌 '젊은' 베이비부머의 설득력은 한층 높아진다.

●● '젊은' 베이비부머가 만들어낼 미래 기회

중년 시대는 곧 본격화된다. 적게는 1,700만, 많게는 2,200만 중년

인구의 실측 자료는 한국 사회가 향후 중년 파워에 의존함을 뜻한다. '젊은' 베이비부머가 이 변화를 주도한다. 불어난 머릿수와 거세질 존재감은 중년의 욕구와 지향에 맞춰 기존 질서를 재편하라는 압력으로 작용한다. 즉 제도 수요부터 소비 시장까지 객체에서 주체로 수정할 토대로 작용한다.

수만 많다고 중년 시대는 아니다. 양보다 중요한 게 질적 변화다. 요컨대 이들은 과거 중년과 구분된다. 58년 개띠로 상징되는 베이비부머는 인생 경로별 교육·주거·고용 정책의 변화를 겪었다. 그들과 후속 세대를 아우르는 '젊은' 베이비부머는 자신들이 체득한 변혁의 경험으로 향후의 패러다임을 이끌 전망이다. 실제로도 과거의 중년 이미지를 맨 앞에서 바꾼 세대다. 흘러넘치는 중년인구가 제자리를 잃고 불행해지면 가계와 사회에 큰 충격으로 작용한다. 2020년부터 각별한 관심을 요구하는 배경이다.

중년인구를 재조명해 적극적이고 능동적인 경제 주체로 탈바꿈하는 게 현 인구 정책의 지향점이다. 새로운 중년은 평균적인 고학력에 인생 경험이 다양하며 백 세 시대를 이끄는 세련된 엘리트 집단에 가깝다. 사회 진화를 주도했듯 위기에 맞서 기회를 찾는 데도 익숙하다. 이들을 적극적인 생산 주체로 품어내는 게 옳다. 소비 시장도 머뭇거릴 여유는 없다. 저성장을 운운하는 등 한계만 탓하기보단 유력한 소비 주체인 중년 고객을 위한 세심한 미시 욕구에 대응하는 것이 먼저다.

거대 중년의 공통점은 경제활동 기간이 길어진다는 것이다. 젊은

그림 6 출생자 수로 본 새로운 베이비부머의 규모와 추이

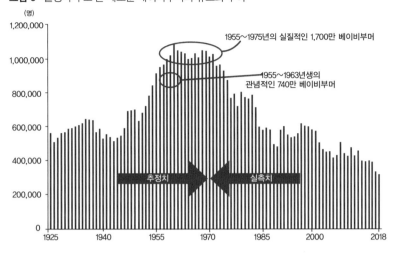

- 출처: 통계청 및 세계은행·UN·EU 통계국의 추정 자료를 토대로 한 필자 정리
  (1970년부터 실제 인구통계를 실측했다. 이전까지의 자료는 추정치다.)

그림 7 연령대별 경제활동 참여율의 국제 비교(2017년)

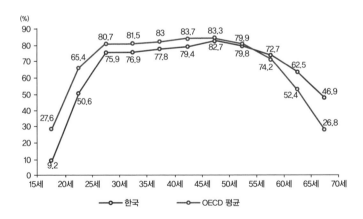

- 출처: OECD, 《OECD Statistics(stats.oecd.org)》, 2019

베이비부머 등 새로운 중년은 준비된 상태다. 한국은 OECD 평균보다 늦지만, 오래 일한다. 55~59세 경제활동 참여율은 한국도 70%대로 OECD와 비슷하다. 반면 중년의 최후 10년(60~69세)은 OECD 평균(26.8%)보다 더 높다(46.9%). 이것만 봐도 65세부터인 늙은 베이비부머는 현실과 괴리된다. 젊은 베이비부머가 맞닥뜨릴 미래를 준비해야 하는 이유다.

달라진 투자 실험
'인구 변화를 이겨낼 주식 찾기'

현실은 이론보다 힘이 세다. 이론은 현실을 분류하고 취합해 도출된다. 현실이 바뀌면 이론은 달라질 수밖에 없다. 노년에는 저축을 해야 하고 청년은 주식을 사야 한다는 공식은 이제 먹혀들지 않는다. 저성장에 따른 절대 저금리 시대의 도래는 벤치마크(시중금리)의 하향 고착 속에서 위험·안전 자산의 개념을 수정하게 한다. 점차 오르겠지만, 0.5%의 기준금리는 올라본들 과거 대비 저금리다. 따라서 기대 수익이 이보다 높다고 위험 자산으로 보기는 어렵다. 또 원금이 보장된다고 안전 자산이라 여길 수도 없다. 저금리란 이처럼 투자자산별 눈높이와 수용도를 전환토록 압박한다.

대책은 '불리기'와 '줄이기'뿐이다. 연령별로는 불리는 노년·현역과 줄이는 청년으로 정리된다. 전자는 근로·연금·자산 소득은 물론 겸업용 '부캐'를 키워내 사업·기타 소득까지 확보하려 매진한다. 종잣돈과 노하우가 부족한 후자는 효율적인 줄이기 차원에서 미래 소비를 없애고자 결혼과 출산을 포기한다. 부양가족 수만큼 부담스러운 것도 없어서다. 그럼에도 불리기와 줄이기는 동시다발적으로 이루어진다. 연령별 비중 차이는 있지만, 시대를 돌파하기 위한 자산 투자는 공통 미션에 가깝다. 코로나19가 불붙인 2020~2021년 주식 시장에 연령 불문 많은 사람들이 뛰어든 것이 대표적이다.

본연의 투자 취지를 투영하면 늙을수록 경험을, 젊을수록 시간을 산다는 점에서 합도 맞다. 불확실성을 이겨낼 장점을 두루 갖춘 게 주식 투자인 까닭이다. 결국 주식은 선택적 투자 대상에서 보편적 투자 기회로 승격된다. 이대로면 정부나 업계가 내버려둬도 '저축에서 투자로'의 인식 전환은 힘을 얻을 전망이다.

그럼에도 투자는 투자다. 투자(投資)란 의미 그대로 재물을 던지는 행위다. 정밀하게 맞춰도 될 듯 말 듯한데 빗나갈 확률이 높은 던진다는 한자를 쓴 데는 이유가 있다. 원금 손실 위험 때문이다. 투자 환경이 무르익었어도 신중하고 면밀한 접근이 기본이다. 주식 투자의 반사 효과가 성과를 내려면 절대적 추종이나 쏠림 투자는 금물이다. 인구 변화에 따른 저성장·저금리는 시작됐다. 성급할 이유가 없듯 기회는 늘 있다.

성공 관건은 상식에 있다. 시대 변화와 경제 상황을 읽는 게 먼저다. 모두 상승하던 시절은 가고, 이제는 되는 것만 오른다. 투자 차익은 기업 성장과 직결된다. 내재 가치적 펀더멘털이 시대 변화와 맞을 때 주가는 뛴다. 현명한 주식 투자자라면 인구구조에 따른 시대 변화와 이를 주도할 혁신 종목에 관심을 갖는다.

실제로도 그렇다. 적잖은 대장주는 부침을 반복하며 생로병사로 귀결된다. 예전엔 잘나갔어도 트렌드를 못 읽어 전락한 경우도 많다. 반대로 승승장구하는 상승주는 시대 변화에 올라타고 리드한다. '인구 → 고객 → 욕구 → 사업'의 연쇄 변화를 기업 가치에 최적화해 반영한다. 결국 이기는 주식은 인구 변화를 포함한 시대 분석에 능한 경우에 한정된다.

● 유망 주식 공통 조건 '혁신 모델+지속 책임+사회이동'

인구병이 짙었고, 팬데믹이 불을 지핀 뉴노멀은 주식 투자에도 적용된다. 유망주의 조건은 시대마다 다르다. 가격이란 가치의 반영이듯 합리적 기대 가설에 따르면 주가는 참가자의 모든 정보와 지향이 결정한다. 따라서 시대별로 반영되는 가치가 무엇인지 아는 것이 중요하다.

이슈 중 선순위는 역시 인구 문제다. 인구 증가와 고도성장 속 앙시앙 레짐(구체제)은 끝났고, 향후엔 인구 감소 속 지속 사회를 위한 뉴 패러다임(신체제)이 요구된다. 주가로 평가받는 기업으로선 새로운 위협과 도전일 수밖에 없다. 관성적 이윤 창출을 넘어 사회의 책임 주체로 전환하도록 요구된다. 기업이 사회문제를 풀고, 새로운 가치 욕구에 발맞추란 차원이다. 문제 해결형 소셜 벤처가 유니콘화되며 가치 성장형 유망 기업으로 떠오르는 예가 많다. 자본 중심적 전통 기업에 맞서 기술을 기반으로 한 혁신 기업이 시가총액을 초월한 경우가 많아졌다.

갈수록 자본과 이윤에서 협력과 공생으로 기업 가치의 비중과 무게중심이 옮겨 갈 전망이다. 소셜을 둘러싼 경쟁은 치열해진다. 제러미 리프킨의 '한계비용 제로 사회'란 말처럼 기술혁신은 생산 비용을 공짜 수준으로 수렴시킨다. 이때 지구환경을 파괴하는 단기 이윤을 지향한다면 변방으로 밀려날 수밖에 없다.

문제를 푸는 새로운 방법, 혁신 모델은 유망주의 공통 조건이다. 이때 필요한 공통 키워드는 '지속 책임'이다. 즉 지속 가능한 사회를 위한 기업의 역할과 책임으로 요약된다. 자본시장의 큰손인 기관투자자마저 기업 가치를 판단하는 근거로 환경·사회·지배 구조(ESG, Environment Social Governance)를 내걸었다. 지속 책임은 주가 결정의 유력한 토대일 수밖에 없다.

물론 이윤 없는 지속은 없다. 기업의 존재 이유 및 주식 투자의 근거는 이윤 창출에 달렸다. 단기·파괴·극단적 이윤 추구에서 장기·건설·상생적 이해 도모로 전환할 것이 권유된다. 고무적인 건 지속 책임에 익숙할수록 주가가 높다는 실적 자료의 뒷받침이다. 가치가 폭넓게 공감되니 매수가 많아지고 주가도 뛸 수밖에 없는 구조다.

'사회이동'도 유망주를 걸러낼 주요 키워드다. 인구 문제의 본질은 자연 증감(출산자-사망자)에 사회이동(유출·유입)까지 포함해야 더 정밀해진다. 팬데믹 이후 글로벌화가 약화되며 내부 자립적 로컬화가 심화될 것으로 봤지만, 이것이 뉴노멀이 될지는 미지수다. 분업 효과와 협력 거래의 자유경쟁이 갖는 장점이 분명해서다. 즉 차별화와 양극화를 완화할 조정 기제로 글로벌화의 문제 해결에 나설 확률이 높다.

국내 차원에서 보면 도시 유입과 지역 유출의 반복된 사회이동은 수도권 중심의 경제화를 심화한다. 산업·고용 등 경제·파급력의 쏠림이 도농 불균형을 낳지만, 쉽게 해소되지 않을 것이다. 당분간 서울 선호와 지역 회피가 지속될 수밖에 없다. 즉 지속 책무로서 사회이동의 긴장을 해소시키는 것은 기업의 숙제이자 주가를 결정하는 요인이다. 지역사회와의 상생 모델이 시급한 이유다.

　　정리하자면 유망주는 '혁신 모델+지속 책임+사회이동'의 공통 화두를 내재화한 기업에 한정된다. 당장의 돈벌이와는 무관한 듯해도 결국 이들 키워드가 생존과 성장을 좌우한다. 자본시장도 이를 실현할 투자 대상과 방법을 다양화해 스스로의 존재 이유를 어필할 수밖에 없다. 시대 변화가 낳은 주식 투자의 뉴노멀은 시작됐다. 변화에 투자할 때 승산은 높아지는 법이다.

그림 8　연령대별 주식 소유 비중 전망

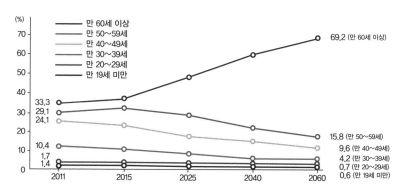

- 출처: 유진투자증권

도시 정책과
사회실험 트렌드

빗장 도시 서울의 미래는?
유토피아 vs 디스토피아

도시의 빗장은 출퇴근 때 열린다. 오전 9시 이전과 오후 6시 이후 특정 시간에만 출입이 허용되는 것이다. 입구와 출구 앞에서 서성이다 빗장이 풀리면 일개미처럼 무표정하게 목적지로 향한다. 빗장은 밤이면 완전히 닫힌다. 외부인에겐 잔류가 허용되지 않는다. 밤은 부자로 불리는 거주민의 몫이다. 먹고 마시고 즐기며 권력과 계급을 칭송한다.

그들끼리의 이너서클은 장막을 한층 공고히 할 게임 원칙을 결정하고 실행한다. 숫자는 웬만하면 줄인다. 희소해야 가치가 높아지는 법 아닌가. 자본이라 불리는 입장료와 거주료가 모자라면 가차 없이 추방된다. 대낮 일자리는 빗장을 통과하는 수단일 뿐 한번 쫓겨나면 성벽을 넘어설 사다리는 없다. 거대한 회색 콘크리트 벽은 매년 높아지고 단단해진다. 이를 '빗장 도시(Gated City)'라 부른다. 그리고 이 도시는 서울이라는 고유명사로 더 유명하다.

2021년 집값 논쟁의 중심에 선 서울의 내밀한 속살이다. 어디선가

본 듯한 영화 속 한 장면처럼 느껴지나 아쉽게도 사실에 가깝다. 빗장 도시는 인구 문제의 축소판이다. 정반대인 과소농촌이 만든 한계 공간과 달리 도시 집중에 따른 또 다른 갈등을 내포한다. 욕구는 많은데 해소는 부족한 과수요가 갈등을 증폭시킨다. 그럴수록 통제의 빗장은 외부 접근과 교류를 엄격히 차단해 스스로의 희소성을 가격에 반영한다. 못 버티면 살아내지 못하는 빗장 도시 특유의 생존 방식이다.

그래도 서울을 떠날 수는 없다. 바늘구멍보다 좁아도 서울이 아니면 생존이 쉽지 않다. 교육과 취업은 물론 유희 수단과 자산 증식마저 빗장 안에서는 수월하다. 쫓아낼수록 다가서려는 수많은 아이러니가 빗장 도시에선 통한다. 앞으로는 어떨까. 빗장 도시는 지속 가능할까. 서울이 계속해 건재할지 되짚어볼 순간이다.

● 자원 집적 클러스터가 떠받친 서울 경제학

서울이란 공간은 수많은 재료가 뒤섞여 탄생한 대표적인 집적지다. 많은 걸 가졌고 앞으로도 더 가질 태세다. 인구도 돈도 기회도 서울만큼 위력적인 곳은 없다. 입소문과 선경험은 자석처럼 강력하게 주변 자원을 흡수한다. 뭐든 끌어당겨 '서울 블랙홀'로도 불린다. 이는 정치·경제·사회·문화 등 모든 분야에 해당된다.

서울공화국을 무조건 탓하기만 해선 곤란하다. 자원 집적은 개인의 합리적이고 효율적인 기대 가설에 기반한다. 한데 모이면 낫다는 클러스터를 추구한 효과다. 금융이 여의도에, 벤처가 테헤란로에 집중되는 식이다. 집적 가치를 활용하면 탐색·거래 비용을 낮춘다는 후생 증진도 뒷받침한다. 생태계가 모이면 플랫폼은 강화되는 법이다. 15~24세 청년인구가 지방에서 서울로 향하는 것도 그렇다. 서울이 제공하는 '교육 → 취업'의 연계 고리가 비교 우위에 있어서다. 좋은 일자리와 직결되는 스펙과 평판을 서울이 독과점한 결과다.

이젠 고령인구도 서울살이를 꿈꾼다. 나이가 들수록 '위험 자산 → 안전 자산'으로 포트폴리오를 바꾸듯 고령인구의 사회이동은 제한된다는 게 라이프 사이클 이론의 핵심이다. 고령인구의 사회이동은 기회보다 위험이 더 크다고 봤다. 그러나 한국의 현실은 남다르다. 2000년대 이후 서울로 전입한 지방 고령자는 증가세를 보이고 있다. 서울시 주민등록연앙인구(매년 7월 1일의 중앙인구)에 따르면 2020~2021년 서울 인구는 7만 9,534명(전입-전출) 줄어든 데 비해, 70세 이상은 오히려 3만 2,845명 증가했다. 결국 더 나은 의료와 간병을 기대한 선택으로 해석된다.

이로써 서울은 몸집을 불리는 전략을 택한다. 땅덩이는 늘리지 못해도 생활권을 확장해 서울 파워를 강화한다. 수도권을 품어 안는 그림이다. 서울 없이는 생존하기 어려운 수도권으로선 따를 수밖에 없다. 광역 교통에 이어 광역 주거로 서울의 베드타운화를 실현하며 생산·소비·투자의 다양한 분업 구조를 떠받친다. 돈은 서울에서 벌지만, 잠은 수도권이 맡는다. 우후죽순 생겨난 신도시는 상징적 산물이다. 신도시 중 직주 일치형이 거의 없는 건 서울이 발휘하는 산업·고용 등의 파생 효과에 의존할 수밖에 없음을 뜻한다.

● 높아질까 vs 무너질까 갈림길에 선 빗장 도시

서울이 쌓아 올린 성벽은 견고하고 육중하다. 전 세계 어떤 수도도 서울보다 집중도가 낮다. 인구밀도·GRDP(지역총생산) 등 양적 경제로는 서울이 최고 수준이다. 유명 기업 본사의 70~80%가 서울에 있고 신규 취업 60~70%도 서울에서 이뤄진다. 생활 인프라는 두말하면 잔소리다. 공공 기관(117개), 대학(48개), 요양 기관(2만 2,683개), 문화 시설(111개)이 밀집했다(2019년). 부동산값을 가른다는 스타벅스(스세권)는 서울(507개)이 전국(1,354개)의 38%를 차지한다. 국토의 0.6%를 차지하는 서울이 엄청난 GRDP(423조 원·22%)를 보이는 배경이다(2018년).

지금도 서울은 여전히 배가 고프다. 엄청난 급등세와 수급 붕괴로 전 국민의 시름이 된 서울 아파트는 총액이 2014년 626조 원에서 2019년 1,233조 원으로 뛰었다(10월 기준). 살인적인 독주다. 범서울권인 경기·인천까지 포함하면 집중도는 더 높다. GRDP(990조 원·52%)만 절반 이상으로 수도권 인구 비중과 정확히 맞아떨어진다(52%). 2명 중 1명이 사는 12%의 땅덩이가 만들어낸 성과다.

달도 차면 기우는 법. 빗장 도시 서울은 중대한 도전에 맞닥뜨렸다. 서울의 독주가 계속될 리 없다. 반발과 균열이 엿보이는데, 인구 감소가 상징적이다. 서울 인구 1,000만 시대는 일찌감치 지나갔다. 아직은 외압적 추방이지만 자발적 탈출로 이어지면 전출 행렬은 가속화될 것이다. 서울형 스태그플레이션(저성장·고물가)은 후속 인구의 목을 쥔다. 바통을 전해주지 않는 한 기성 세력의 독야청청은 기대할 수 없다.

따라서 서울의 고령화와 한계화는 불가피하다. 감축 사회답게 저성장마저 고착되면 욕망을 조정하는 것은 당연한 일이다. 2020년부터 베이비부머 중 연평균 70만~80만 명이 고령인구로 들어서는 반면 생산가능인구 진입 청년(만 15세~)은 30만~40만 명대로 떨어진다. 이것만 봐도 빗장 도시의 자원 재조정은 자연스러운 현상이다. 빗장을 열든 성벽을 낮추든 서울의 지속 가능성은 도마 위에 오를 수밖에 없는 것이다.

◖◗ 서울의 미래 선택 '디스토피아 vs 유토피아'

빗장 도시 서울은 기울어진 운동장과 닮았다. 성벽 안팎의 금권(金權) 여부로 소수의 빗장 인구와 다수의 추방 인구로 갈린다. 빗장 안쪽의 폭탄 돌리기는 계속되기 어렵다. 소설 《멋진 신세계》에서 거짓 행복을 유도하고 현실에 안주하게 만드는 약인 소마처럼, 월급과 일자리 탓에 시간은 벌 수 있어도 조건부일 수밖에 없다. 소마는 동경이 아닌 경계 대상이란 걸 후속 세대는 더 넓어지고 높아지는 빗장을 보며 깨닫기 때문이다.

그럴수록 반발과 포기는 가속화된다. 이미 '취업 → 연애 → 결혼 → 출산 → 자가(自家)'라는 인생 과제를 삐딱하게 보는 트렌드가 생겨났다. 계층 이동이 가로막힌 가운데 '빚더미의 미래 고통 vs 나다움의 현재 유희'는 구체화된다. 기괴한 빗장 도시의 폭주에 동의하지 않는 청년층이 등장한 것이다. 이로써 빗장 도시는 위기를 맞았다.

더 이상 상황을 방치해서는 곤란하다. 지금이 미래 서울을 둘러싼 '디스토피아 vs 유토피아'의 승부처다. 중세 유럽의 인클로저 운동처럼 더 많은 양을 갖겠다고 사람을 내모는 우를 반복하지 말자는 메시지다. "양이 사람을 잡아먹는다"는 토머스 모어의 일갈을 귀담아들을 때다. 양을 키워도 먹고 입을 사람이 없으면 무용지물이다. 뭐든 손쉽게 오가야 건강한 지속 가능성을 확보할 수 있다. 빗장은 뽑고 청년이 웃는 공간에서 유토피아는 실현된다. 빼앗고 내모는데 웃어줄 후속 세대는 없다.

이대로면 서울의 앞날은 디스토피아다. 배제와 소외를 불러오는 자원 배분과 제로섬이 아니라 참여·배려적인 구조를 설계해 플러스섬으로 나아가야 한다. 지금처럼 서울을 벗어나는 현상이 심화되면 빗장 도시는 황량해질 수밖에 없다. 추방 인구가 스스로 서울의 빗장을 열어젖히기란 어려운 일이다. 빗장 내부의 전진을 위한 후퇴가 먼저다.

그림 9 서울·수도권 인구 비중 추이

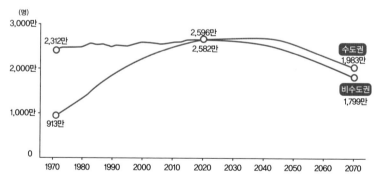

- 출처: 통계청(2020)

지자체 파산 위험,
인류가 경고한 불편한 미래

1,000년 고도 교토(京都)에 파산 경고등이 켜졌다. 이대로면 10년 내 파산한다는 교토 시장의 메시지가 근거다. 한때 연간 5,000만 인파를 불러모은 관광 명소의 파산 예고는 한국에도 전해졌다. 일본은 상당한 충격을 받았다. 지역 소멸이 심화된 농산어촌도 아닌 유명 도시 교토의 재정이 파탄된 만큼 위기감은 더 크다. 뒤따라 파산할 지자체가 적잖아서다. 특히 파산 도시의 데자뷔를 일찌감치 겪은 일본이라 후폭풍은 한층 현실적이고 구체적이다.

2006년 파산 지자체 1호라는 불명예를 떠안은 홋카이도의 유바리(夕張)시는 방만 경영과 분식회계, 투자 실패가 뒤섞여 인재(人災)가 빚은 지역 파탄의 '끝판왕'이다. 현재 세금은 제일 비싼데 서비스는 가장 못 받는 도시로 전락했다. 거주민이 1명도 없는 유령 마을만 20곳이다. 교토와 유바리는 급격한 시대 변화에 소홀하게 대응했다는 문제점이 판박이처럼 닮았다. 즉 파산 위기의 겉(재정 악화)과 속(인구 변화)은 놀랍도록 똑같다.

●● 인구 악재가 불붙인 명문 교토의 파산 위기

기업은 돈을 벌지 못하면 망하는 게 수순이다. 국가도 그렇다. 디폴트(파산 선언)·모라토리엄(채무 조정) 등으로 망조를 경험한 나라가 적잖다. 반면 기초지자체처럼 행정 조직의 파산 뉴스는 낯설다. 교토 위기가 생소한 만큼 주목받는 이유다. 다만 찾아보면 사례는 많다. 금융위기 후 2011년 미국에서만 앨라배마 제퍼슨카운티를 비롯해 4곳이 파산 신청을 했다. 2013년 디트로이트도 파산 절차에 들어갔다. 한국도 지불 유예 선언 사례가 있다. 2010년 성남시 등 3개 지자체가 그랬다. '세수 감소 → 부채 행정 → 변제 불능'이 공통된 루트다. 원류에는 급격한 인구 감소와 방만한 재정 운영이 있었다.

출발은 재정 적자다. 교토의 경우 실질 부채만 8,500억 엔에 달한다. 2021년부터 5년간 2,800억 엔의 재원 부족이 예상된다. 매년 500억~600억 엔의 적자가 발생하는 것이다. 어려울 때 끌어 쓰려고 만든 공채 상환 기금도 곧 바닥을 드러낼 것이다. 파산 예고는 이대로 놔둘 수 없으니 개혁에 동의해달라는 메시지다. 특단의 대책도 발표됐다. 공무원 급여를 최대 6% 깎고, 숫자도 550명 줄일 계획이다. 70세부터 적용되는 경로 승차권 지급 대상도 75세로 축소했다. 보육료 지원(연 60억 엔)은 축소되어 본인 부담이 된다. 최고 수준의 복지 서비스로 유명하던 교토로서는 체면이 말이 아니다.

파산 구조는 복합적이다. 직격탄은 어긋난 수요 예측에도 밀어붙인 거액의 공공 건설에서 비롯된다. 빚으로 지었는데, 채무 변제는커녕 운영 과정의 만성 적자까지 더해진 시영 지하철이 대표적이다. 승객 감소세를 무시한 탁상행정이 만든 전형적 사례다. 팬데믹으로 관광 경제가 붕괴된 것도 한몫했다. 다만 파산의 본질은 구조적이고 보다 근원적인 변수로 향한다. 즉 인구 변화다. '인구 감소 ↔ 재정 악화'의 악순환이다. 구체적으로는 '출산 감소 → 고령 심화 → 활력 저하 → 경기 침체 → 세수 감소 → 복지 압박 → 인구 유출'의 연결 고리다.

저출산·고령화의 과도한 복지 지출을 감내하지 못하는 역내 경제의 세수 붕괴가 컸다. 세수의 바탕인 고정자산세(재산세)·주민세가 저성장·인구병으로 급감했음에도 과도한 출산 장려·노년 복지비는 유지됐다. 변화를 방관하며 속 편한 인기 정책을 지속한 게 곳간이 바닥을 드러내는 것으로 이어졌다. 무책임한 정치와 무대응 행정의 포퓰리즘이 파산 경고라는 값비싼 대가를 낳았다.

그러나 아쉽게도 인구구조는 되돌리기 힘들다. 2020년 교토 인구는 8,982명 줄었다. 인구 감소·사회 전출이 전국 1위다. 떠나가는 청년인구도 많다. 관광 유치용 과잉 투자가 주택 가격을 급등시킨 탓이다. 매년 1,000명 넘는 사회 감소의 주력 그룹이 2030대 청년인구다. 교토시의 구조 조정을 둘러싼 평가는 냉혹하다. 재건보다 단순한 미봉책이란 분석이 많다.

◐● 유바리가 보여준 파산 도시의 핍박 환경

교토가 긴장하는 건 앞서 잠깐 언급했듯 유바리의 살벌한 사례 때문이다. 유바리의 오늘이 교토의 미래란 점에서 위기감이 크다. 유바리의 파산 선언은 총체적 판단 미스가 빚어냈다. 1980년대 시작된 '탄광에서 관광으로'라는 발전 전략이 352억 엔의 누적 부채로 되돌아왔다. 세수(8억 엔)를 감안하면 말도 안 되게 큰 빚덩이다. 사양화된 탄광 경제를 관광 산업으로 전환하는 차원이었으나, 문제는 진행 과정에 있었다. 엇나간 수요 예측, 방만한 부실 행정, 멈춰 선 감시 기능이 총체적 부실을 낳았다. 빚을 빚으로 막고, 분식까지 이루어지며 눈과 귀를 닫은 결과였다. '부채 자금 → 과잉 투자 → 매출 감소 → 채산 악화 → 세수 하락 → 유지 불능 → 신규 부채'의 악순환이다. 행정 리더의 조급함과 전시 사업의 달콤함이 파산이라는 벼랑까지 내몰았다. 행정은 제 돈이었으면 하지 않을 부실 살림을 곪아 터질 때까지 속여가며 반복했다.

자치권을 잃은 유바리의 재건 계획은 세금 인상과 수혜 감소로 이어졌다. 이후 뼈를 깎는 구조 조정은 재건을 위한 최소 자원마저 줄인 탓에 재건 계획이 아닌 파괴 공작으로 불린다. 이로써 정상 회귀는 희망조차 사라졌다. 파산 당시 12만 명이던 주민은 7,120명 (2021년 10월 31일 기준)까지 줄었다.

유바리는 지역 소멸의 민낯을 잘 보여준다. 밥벌이는 멈춰 섰고, 인기척은 사라졌다. 필자가 현장 조사를 할 때 관계자는 '목숨과 관련된 지출 빼고는 없앤다는 입장'이라 설명했다. 자르고 줄여 빚을 갚겠다는 의지다. 260명이던 시 직원은 100명까지 줄였다. 현재는 꽤 정상화했으나 연봉도 40%씩 깎았다. 시의원도 18명에서 9명으로 감축했다. 2017년 시장 연봉은 일본 최저를 찍었다(251만 엔). 퇴직금과 교재비도 모두 없애고 세금은 높였다. 그 때문에 잔류 주민이 빚잔치의 희생양이 됐다. 주민세와 재산세 모두 인상했다. 경자동차세(7,200엔 → 1만 800엔), 하수도 사용료(1,470엔 → 2,440엔)도 높였다. 공공시설은 폐쇄됐다. 초등학교는 6개에서 1개로 통합됐다. 공공 의료 기관인 시립 진료소 병상도 줄였고(171개 → 19개) CT·MRI 등 장비를 없앴다. 외과·안과 등 진료 과목이 사라져 사실상 병원이 폐쇄되었다. 세금은 1등인데 서비스는 꼴찌라는 이미지도 생겨났다.

웃지 못할 성과도 있다. 높아질 걸로 본 사망률이 줄어든 것이다. 아파도 의료 서비스를 받지 못하니 예방 의료에 나선 결과다. 그 때문에 서로 돌봄으로 불리는 주민 네트워크는 강화됐다. 이는 한국에서도 받아들인 마을 단위 예방·재택 의료를 뜻하는 지역 포괄 케어 시스템의 성과 사례로 인용된다.

● 한국 지자체는 파산 선언에서 자유로운가?

유바리의 경험은 참혹하고 안타까운 만큼 반면교사로서 설득력이 커진다. 우리도 마음 놓을 상황은 아니다. 한국 사회 역시 인구 감소·경제 피폐·세수 악화로 살림살이가 어려워진 지자체가 수두룩하다. 중앙 정부의 보조금 없이는 자체 조달 재정이 50%대를 밑돈다(2021년 재정 자립도). 30% 미만도 173개에 달한다. 자체 수입으로는 인건비도 충당하지 못하는 곳이 63곳이다. 예산 낭비 신고 건수는 2,000건을 넘긴다. 위기를 돌파하기 위한 혁신적 지역 경영이 아니면 파산 도시가 출현하는 것은 시간문제다. 파산 선언은 지역 소멸을 앞당긴다. 중앙 정부의 통치를 받아도 고통 분담은 동반된다. 파산하고 후회해도 예전대로 되돌릴 수도 없다. 교토와 유바리의 예는 파산 선언을 피할 대응이 필요하다고 이야기한다. '파산 선언=지역 소멸=유령 마을'은 이음동의어다. 인구 변화의 속내와 본질을 읽어야 막아낼 수 있는 화두다. 감춰진 시한폭탄을 찾아내 뇌관을 없애는 게 관건이다.

파산은 수입보다 지출이 클 때 나타나는 현상이다. 이는 행정조직도 똑같다. 세입·세출이라는 이름만 다르지 기본 구조는 같다. 회사 조직은 구조 조정과 혁신 실험으로 위기를 타개할 방법을 모색한다. 비빌 언덕이 없기에 스스로의 책임하에 개혁에 나선다. 그러나 행정조직은 사뭇 다르다. 공공성을 내세운 모럴 해저드와 무책임성이 암약한다. 빚으로 표를 맞바꾸는 관성적 공공 사업을 반복한다. 줄여도 부족할 판에 교토와 유바리처럼 공격적인 토건 사업을 추진하는 것이다. 불편한 절약보다 익숙한 채무로 피해 가려는 의도다. 주인 없는 조직답게 뒷날을 생각하지 않는 무모한 자충수가 화려한 승부수로 포장돼 포퓰리즘을 완성한다.

우리라고 자유로울 리 없다. 인구 변화의 속도와 규모를 보건대 일본을 걱정하는 것은 오지랖에 가깝다. 229개 기초지자체(226개 기초

지자체에 세종, 제주, 서귀포 포함) 중 재정 염려가 없는 곳은 극소수다. 그럼에도 문제로 인식하기는커녕 실패의 전철을 밟는 데 익숙하다. 이제는 그럴 여유가 없다. 인구 변화의 경고에 발맞춘 선제 대응만이 살길이다.

지방 소멸 경고장,
되살릴 화두는 '로컬리즘'

치우친 것보다는 적절한 것이 좋다. 중간(평균)이 탄탄할 때 안정적이다. 인구밀도도 그렇다. 면적 단위당(1km²) 거주 인구만 봐도 한국은 불균형의 극치다. 2020년 한국의 인구밀도(명/km²)는 516명이다. 반면 서울은 1만 5,865명에 달한다. 평균보다 30.8배나 높다.(e-나라지표) 그나마 시계열로는 줄어든 규모다. 스태그플레이션으로 서울살이가 힘들어진 결과다. 그럼에도 서울 중심의 자원 독과점은 여전히 심화된다. 거대한 빗장 도시답게 견고한 비교 우위를 고수한다.

특히 서울에 몰린 일자리는 강력한 힘을 발휘한다. 밤엔 떠나도 낮엔 되돌아올 수밖에 없게 만든다. 그 와중에 인구는 더 몰린다. 서울을 포기한 대신 수도권이 유력 후보가 되었다. 청년인구에겐 교육과 취업을 통한 생계를 이어가게 해줄 최후의 공간인 까닭이다. 그 때문에 서울 포함 12% 면적의 수도권에 총인구의 52%가 거주한다.

한국은 곧 인구가 줄어든다. 자연 증감은 2019년 마이너스를 찍었다. 국제 유입 덕에 총인구는 당분간 좀 늘어도 하향 반전은 시간 문제다. 총원이 줄어드는 건 한 곳이 늘면 어디선가는 줄어들 수밖에 없다는 얘기인데, 그것이 곧 수도권을 뺀 지방 권역이다. 동전의 양면처럼 도시 밀집과 농촌과소는 이음동어의다. 참고로 인구밀도 최하위인 인제군은 19.3명뿐이다. 개개인의 사회이동은 합리적인 선택이나, 사회 전체로 보면 비용 유발과 불균형을 낳는다. 한쪽은 넘치고, 한쪽은 부족해 자원 배분의 유효한 활용을 가로막는다.

이대로면 도시와 농촌의 분업은 깨진다. 농촌이 서울을 떠받친다는 점에서 생태계의 건강한 연결망이 중요하다. 답은 '로컬리즘'이다. 한국의 앞날은 농촌의 오늘이다. 지방이 죽으면 나라도 죽는다.

⬤⬤ 소멸 경고 속 한계치 넘긴 과소농촌

인구 충격은 차별적이다. 맷집 좋은 도시는 버텨도 취약해진 농촌에는 치명타다. 서울 생활권은 몰라도 기타 권역은 시한부 환자 신세다. 그런 곳엔 사람도 돈도 희망도 없다. 미래가 없으니 청년이 떠나는 건 당연하다.

지방 권역의 박탈감과 모멸감은 일상사다. 천정부지의 서울 집값에 온통 난리지만, 88%의 국토 공간은 배제된 방관자일 따름이다. 저성장으로 인한 디플레이션이 심화되면 지방은 회생하기 어렵다. 이대로면 유령 마을은 예약된 상태다. 발걸음이 뜸한 곳에 돈이 돌 리 만무하다. 아직은 고령인구로 연명하나, 다사 사회가 본격화되면 미래는 없다. 경고는 구체적이다. 2015년 일본 정부가 발표해 화제를 모은 소멸 산식(20~39세 여성/65세 이상=0.5 미만)을 한국에 적용하면 229개 기초지자체 중 2021년 5월 기준 소멸 위험 지역은 105곳에 달했다.

해마다 축소되는 지역 단위 각종 통계는 실존적인 위협 수치로 인식된다. 규모와 범위의 경제로 버텨왔던 지역 상권은 가속적인 폐업 소식에 속수무책이다. 한계와 과소의 딱지를 떼지 않는 한 몰락은 기정사실이라 묘책 마련에 분주하다. 선거철이면 지역 활성화 공약이 선순위를 차지한다. '하면 좋은 게' 아닌 '꼭 해야 할' 해결 미션이 된 셈이다.

환경은 무르익었다. 지역 균형 뉴딜처럼 중앙 예산까지 풀리며 재생 사업을 지원한다. 미약하나마 고무적인 신호도 있다. 작지만 하나둘 성과를 내는 사례. 그럼에도 고민스럽다. 가성비는커녕 부작용을 양산한 과거의 실책을 반복할 수 있기 때문이다. 이름만 다를 뿐 형식과 내용이 비슷한 과거 정책의 재구성이란 의심도 피할 수 없다.

●● 발상의 대전환과 새로운 도농 균형의 절실함

필요한 건 발상의 전환이다. 새로운 문제는 새로운 해결책으로 대응하는 것이 맞다. 최근의 도시 집중·농촌과소는 과거보다 훨씬 복잡다단한 관계성을 품는다. 상황이 바뀌면 방법 또한 달라지는 게 옳다. 뉴노멀에 맞는 새로운 도농 균형론의 기획과 실행이 필요하다.

당장 목적을 다시 구축하는 것이 먼저다. 무엇을, 누구를 위한 활성화인지 목적성을 분명히 하자는 취지다. 이와 관련해 과거 방식은 오히려 불균형을 심화시켰다. 하드웨어적인 토건 사업 위주라 일부만 단발 수혜를 입을 뿐 대다수의 순환 경제는 실현하지 못했다. 허술한 수요 조사로 사업 이후 흉물로 방치되고 추가적인 운영비까지 내는 곳이 부지기수다.

중요한 건 주민의 행복을 담보하느냐 여부다. 혜택이 고루 돌아가고 길게 지역에서 살아남는 활성화가 바람직하다. 방식의 재구성도 중요하다. 행정이 모두 한다는 사고 체계는 과거 유물이다. 시장 실패만큼 정부 실패도 많다. 대안은 행정 주도형 하향식보다 주민 참여형 상향식이다. 공공 예산을 투입해도 거리 두기와 내려놓기는 필수다.

지역 활성화는 '지역'이 중심일 때 바람직하다. 기획도 실행도 평가도 지역이 주체로 참여할 때 효과적이다. 아쉽게도 한국의 지역 활성화는 갈 길이 멀다. 어느 정도 개선되고 있지만, 여전히 많은 경우 당사자보다 외부자의 입김이나 이해로 결정된다. 40여 년의 균형 발전론이 극단적인 도농 불균형만 심화시킨 배경이다. 추진 내용부터 진행 방식까지 천편일률적 토건 중심의 전국구 범용 모델로 표준화된 이유다. 그러니 어디든 활성화 사업 공간은 판박이처럼 닮았고 대개 황폐화의 수순으로 정리된다.

지역의 상황은 모두 다르다. 입지·역사·산업·인구·성향 등이 똑같은 곳은 없다. 차별화된 그들만의 활성화가 탐색·거래·감시 비용을 줄일 뿐 아니라 지속적인 성과 창출로 직결된다. 중앙은 지역을 응원하고 지원하면 충분하다. 규제와 예산 등으로 스스로 행복해지는 지역 시스템을 키워주는 게 옳다. 그걸 해주는 게 자치 분권의 논리다. 수많은 성공 사례의 공통분모로 거론되는 게 로컬리즘이란 건 우연의 일치가 아니다.

● 지역 회복 이끌 로컬리즘의 전제 조건

비우면 채우는 게 수순이다. '중앙 일괄 → 지역 자생'의 방향 설정에 도 의문은 남는다. 과연 지역은 준비돼 있는가 하는 이슈다. 지역이 달라진 활성화를 추진할 능력과 의지를 갖추었는가 하는 물음이다. 자치 분권이 이뤄져도, 로컬리즘이 선택돼도 이를 실행할 자생적 에 너지가 없다면 무용지물이다. 방치된 곳 특유의 폐쇄성과 무력감을 벗겨내는 게 먼저다. 번거롭고 힘들지만 다양한 이해관계를 공론화해 타협·조율하는 결정 구조가 로컬리즘의 전제 조건이다.

그렇지만 로컬리즘이 관제 사업이 돼선 곤란하다. 공공 프로젝트 라도 민관 협치의 새로운 대응 체계로 완수하는 게 좋다. 미약하나마 달라진 행정 접근과 주민 참여를 확인할 수 있다. 즉 뉴노멀에 맞는 로컬리즘을 완성할 절호의 기회다. 간단하고 손쉬운 활성화는 경계 대상이다. 수많은 참여와 복잡한 체계가 활성화에 녹아들 때 지역 전 체의 행복도가 높아진다.

229개 기초지자체는 229개의 활성화 모델을 갖는 게 바람직하다. 지역 격차는 있겠으나, 분위기는 무르익었다. 로컬리즘은 한국 사회 의 지속성을 확보하기 위한 새로운 실험이다. 괴물화된 빗장 도시의 구심력을 해제하고, 유령화된 과소 마을로 원심력을 강화할 의미 있

는 아이디어다. 지방 소멸은 시작됐다. 로컬리즘은 인구 갈등을 풀어

낼 마지막 카드일지 모른다.

그림 10 지방 소멸 경고등이 켜진 지자체

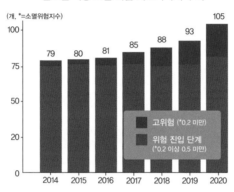

연도별 지방 소멸 위험 기초지자체 추이

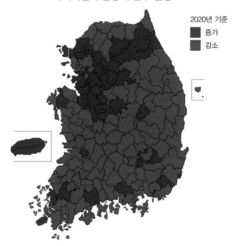

지자체별 주민등록 인구 현황

- 출처: 한국고용정보원 및 행정안전부(2020)

신 블랙홀의 출현!
'경기공화국'의 미래는?

말은 제주로, 사람은 한양으로 보내라고 했다. 언제부터 통용된 것인지 몰라도 현재 한국의 현실을 일찌감치 꿰뚫어본 선구안이다. 서울에 있으면 비교 우위의 교육·취업·자산 기반을 움켜쥘 수 있어서다. 기회를 원하면 서울로 향할 수밖에 없다. 고공 행진하는 서울 집값은 이를 보여주는 근거다.

반면 서울이 아닌 곳은 '패배 지역'으로 전락했다. 버틸수록 뼈아픈 박탈감이 가중된다. 부모가 어디 사느냐로 혼삿길이 정해진다는 '웃픈' 말까지 있다. 곧이곧대로 들을 건 아니나, 서울의 독점력이 그만큼 강력해졌다는 의미다. 서울 집중과 지방과소는 함께 온다. 한쪽으로 쏠리면 한쪽은 빌 수밖에 없다. 급격해진 인구 변화는 도농 격차의 가속을 불러온다. 생산·소비·투자가 없는 3무(無) 지역에 인적이 뜸해지는 건 자연스럽다.

도시 집중은 한국만의 특이점은 아니다. 산업화와 현대화를 먼저 겪은 국가도 도시화를 체화했다. 실제 세계 인류 대부분은 도시민이다(2020년 도시화율 56%)다. 한국은 92%로 너무 높고 빠른 게 문제다. 도시화 물결이 엄청난 속도와 범위로 이루어졌다는 얘기다. 또 다른 관전 지점은 서울이 지닌 영향력이 분해되고 있다는 것이다. 승자는 수도권이다. 도시화는 수도권을 중심으로 진행되고, 이로써 서울 파워 중 일부가 약화된다. 인구 감소가 그렇다. 1,000만 인구가 깨진 것은 서울의 지속 가능한 성장 궤도를 위협한다. 근접할 수 없는 빗장 도시가 건강하게 발전하기는 어렵다. 그럼에도 도농 격차를 염려하는 건 수도권 자원 독점의 평균치를 계속 끌어올린 새로운 대체 공간 때문이다. 바로 경기공화국이다. 서울을 떠받치던 하위 공간이 어느새 서울을 대체하는 위협적 대안으로 자리매김했다. 신도시 등 서울에 노동을 공급하는 곳이 자생적 직주 생태계로 전환하며 경기공화국의 생활환경이 업그레이드되었다. 실제 경기는 인구뿐 아니라 경제와 문화 등 생활 기반을 강화하며 급성장했다. 아직은 일부지만 '베드타운 → 자족 도시'의 실험과 성과가 하나둘 확장되고 있다.

◖◗ 경기공화국의 성장 경로, '왜 경기인가?'

경기도는 그저 그런 광역지자체가 아니다. 서울을 능가할 잠재력을 갖췄다. 부동산 등 서울에 관련된 논란에서 비켜선 채 조금씩 세를 확장했다. 성과 지표는 놀랍다. GRDP(지역총생산)는 477조 원으로 435조 원인 서울을 앞섰다(2019년). 광역지자체 중 1위다. 1985년 서

울(23조 원)이 경기(13조 원)를 월등히 앞섰으나(전국·92조 원) 최근 역전
됐다. 2014년부터 서울(341조 원)은 경기(352조 원)에 1위를 내줬다. 이
때부터 뒤바뀐 격차는 더 벌어진다. 속도도 빨라 2019년 증가세(실
질성장률)는 경기(6.4%)가 서울(2.6%)의 약 2.5배에 달한다. 결국 경기·
서울을 합하면(912억 원) 한국 전체(1,927조 원)의 47% 수준이다. 인구
증가세는 더 놀랍다. 2021년 10월 경기 인구는 약 1,360만 명으로
1995년(764만 명)의 2배까지 늘었다. 반대로 서울은 950만 명대까지
축소됐다. 1,000만 도시 서울은 2003년 경기에 인구 역전을 허용했
다. 이후 서울 인구의 경기 전입은 가속화되어 최근 6년간 340만 명
이 빠져나갔다. 연평균 50만~60만 명 규모로 대개는 2030 세대다.
경기 인구는 두 갈래로 커진다. '탈(脫)서울'과 '향(向)수도권'의 경로
로 서울과 지방 인구를 동시다발로 흡수한다.

　신 블랙홀로 떠오른 경기 파워의 배경은 복합적이고 구조적이다.
이는 공간 입지의 지경학(지리경제학의 약자로 지리·입지적 특성이 경제 성과
로 연결된다는 이론)적 특장점에서 비롯되는데, '서울 ↔ 지방'의 버퍼 존
답게 도농 격차의 안전지대로 제격이다. 지방은 싫고 서울은 힘든 현
대인들의 욕구를 충족시키는 타협적 성취 공간인 것이다. 청년의 교
육·취업 욕구와 노년의 의료·편의이라는 지향이 두루 해소된다. 스
태그플레이션 등 서울이 모든 것을 독점하면서 생기는 부작용도 경
기라면 일정 부분 해결된다. 경기 파워의 완성은 '일자리'로 요약된
다. 서울은 고밀도 지역답게 굳건한 고용 창출력을 지녔지만, 서울의
값비싼 주거 비용을 감내할 수 있는 사람은 많지 않다. 그래서 나온

절충안이 서울·경기의 직주 분리 라이프 모델이다. 주거 수요를 반영해 신도시조차 압축·고밀도형 콤팩트 시티(Compact City)로 조성되는 이유다. 1기(분당·일산 등), 2기(광교·동탄 등), 3기(남양주·하남 등) 모두 비슷하다. 뒤이은 교통 확충은 자연스럽다. '건설 → 교통'은 신도시의 보편적 개발 양태다. 시차가 있을 뿐 좋아질 확률이 높다. 실제 경기권의 철도와 도로망은 확충세라 서울 접근성이 향상되었다. 대중교통이 불편한 강북보다 강남으로의 접근성이 더 좋다는 평가도 있다. 사실상 서울 생활권인 셈이다.

● 경기의 미래 조감 '서울 의존형 → 직주 자립형?'

'경기의 힘'은 앞으로 어떻게 될까. 거세질지 약해질지 관심이 뜨겁다. 지분과 영향력을 볼 때 수많은 이들의 삶과 직결된 물음이다. 경기는 강력한 입지·정주·지향적 경쟁력을 발휘할 전망이다. 서울의 보완재를 넘어 대체재로 변신할 수도 있다. 이미 수도권 집중이라는 현상에서 경기의 비교 우위는 커졌다. 서울을 지원하는 거점에서 자립 생활 가능한 독립 공간으로 진화한다는 얘기다. 몇몇 도시는 직주락(職住樂)의 도시형 로컬리즘까지 실험된다. 선행 이론과도 맥이 닿는다. 발전 수준별 공간 지배(존 프리드먼)는 '자족형 분산 도시 → 단일형 집중 도시 → 주변형 경쟁 도시 → 기능형 협력 도시'의 4단계를 따른다. 서울과 경기는 3단계(주변형 경쟁 도시)에 진입한 듯하다. 고성장기 서울 독점의 2단계(단일형 집중 도시)에서 벗어난 것이다. 또 지역 개발론에 따르면 한국 전체의 도농 격차는 불균형을 내포해도 서울과 경기는 자본·노동·기술의 상호 교류를 바탕으로 균형을 이루며 순환 구조로 수렴될 것이란 의미다. 서울에서 경기로 요소가 자유롭게 이동해 가격·소득 균형을 달성하면 충분히 바람직한 현상일 수 있다.

미래 인구 동태를 분석하면 경기 파워는 여타 지역을 압도한다. 감사원이 인구추계의 빈틈인 사회이동까지 포함해 미래 인구를 예측해봤더니, 향후 인구 감소와 소멸 위기를 조금이나마 버텨내는 것은 경기가 유일했다. 17개 광역지자체 중 유일무이하게 하방 경직성(감소 저지세)을 갖췄다. 약 100년 후(2117년) 한국 인구는 1,510만 명까지 줄어들며 229개 기초지자체 모두 소멸로 진입하는 것으로 분석됐다. 100년 후 경기 인구(441만 명)는 전체의 29%로 17%의 서울(262만 명)을 압도한다. 하남·김포·광주·화성·양평 등 5개 지역은 2067년까지 되레 인구 증가를 보이는 도시로 예측됐다. 다른 경기 도시도 전국 평균보다는 감소 폭이 덜하다. 백만 도시를 검증받은 수원·고양·용인 등이 대표적이다. 광명·안산·과천 등은 위험하다. 공통점은 신도시와 일자리 등 직주 자립의 기반을 강화했다는 것으로 요약된다. 가령 신도시 하남은 최근 6년간 90%의 인구 증가율을 보였다. 화성은 2010~2019년 인구 순유입(29만 9,000명)이 전국 1위다. 이대로면 100만 도시 전환은 시간문제다(2021년 9월 말 기준 88만 명). 생산가능인구 72%로 젊은 도시답게 삼성·현대·LG 등 1만여 개 기업이 위치한다. 기업이 서울이 근접한 곳에서 인재를 확보한다는 장점을 최대화한 결과다.

경기의 직주 자립은 강화된다. 수도권 규제 완화까지 심화되면 신 블랙홀의 면모는 완성된다. 판교가 상징적이다. 그저 그런 신도시의 한계를 딛고 판교는 테크노밸리를 위시해 강력한 자립 기반을 갖춰가고 있다. 연구 개발·혁신 인재 플랫폼이 되면서 '규제 완화 → 기업 집중 → 인구 유입 → 고용 창출 → 소비 증대·직주 강화'의 흐름에 올라탔다. 2020년 SK하이닉스의 용인 공장 건설도 규제 완화에 따른 직주 강화 요소가 될 것으로 예상된다. 이로써 수도권은 충청권까지 확장된다는 말까지 들린다. 경기도가 팽창하는 것이다. 실효성을 위해 경기북도와 경기남도로 나누자는 얘기다. 경기남도가 서울보다, 경기북도가 부산보다 인구가 많으니 찬반양론이 뜨겁다. 상황이 이렇다 보니 경기는 은퇴한 후 살고 싶은 지역에서 1순위에 꼽힌다. 경기(35%)가 지방(32%), 서울(17%)보다 선호된다. 친환경에 생활 유지·편의 시설을 적절히 구비했기 때문이다. 필요 시설로 꼽힌 의료(33%)만 봐도 경기 선호 추세는 자연스럽다(2021·직방). 즉 경기는 저출산·고령화의 우호적 생활환경을 두루 갖췄다. 집값이 변수지만 인구 변화에 발맞춘 욕구 실현적 공간을 선호하는 것이 대세다. 정년퇴직·수명 연장·소득 단절에 맞닥뜨린 베이비부머의 대량 은퇴와 맞물린 경기의 매력이 부각될 수도 있다. 신도시와 일자리에서 비롯되는 세수·복지 우위와 직주락을 실현할 수 있는 공간에 눈길이 가는 건 당연한 일이다.

그림 11 지역별 인구 비교

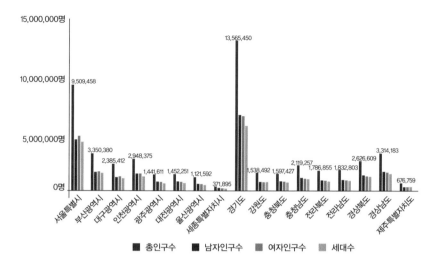

- 출처: 주민등록 인구(2021년 10월)

그림 12 지역별 GRDP 비교 추이

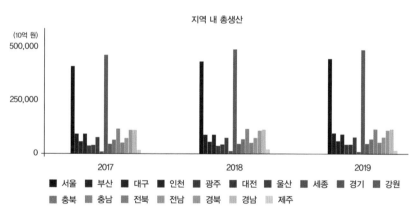

- 출처: e-나라지표

신도시의 미래,
'인구=수요=선호'

2021년, 모럴 해저드와 사적 탐욕이 빚어낸 LH 사태가 온 나라를 뒤흔들었다. 고구마처럼 약간만 파도 부도덕한 투기 사례가 덩굴째 나온다. 가뜩이나 스트레스가 만연한 상태에서 또 다른 울화까지 보탠 형국이다. 비리만큼이나 답답한 건 대응이다. 정의는커녕 양심조차 모두 내버린 듯하다.

덩달아 신도시만 공공의 적이 돼버렸다. 주택 공급을 책임지던 유력한 공급 체계가 뿌리부터 흔들려서다. 주민 반발부터 지정 취소까지 반향이 크다. 천문학적인 집값 폭등이 낳은 민심 악화에 기름까지 부은 모습이다. 결론이 어떻게 날지 알 수 없지만, 중요한 건 신도시형 개발 방식과 주택 공급을 재검토하라는 목소리다. 추세로 자리 잡은 인구 감소를 봐도 그간의 공급 체계가 지속되기 어렵다는 건 분명해졌다. 워낙 첨예한 이해관계가 얽혔기에 단번에 정리하긴 어렵다. 그럼에도 묻어버리기엔 한계가 극명해졌다.

신도시는 그간 큰 역할을 해왔다. 폭증하는 서울 유입 인구를 흡수하는 든든한 안전판이었다. 서울 인구 증가는 고도성장과 함께 본격화됐다. 급속한 도시화에 한몫한 것은 사회이동이다. 지방 인구의 상경 행렬은 일상사였다. 더 나은 교육과 취업을 꿈꾸는 청년인구(15~24세)가 주도했다. 인플레이션 시대의 종착지는 서울일 수밖에 없었다. 자원도 기회도 서울일 때 확보할 수 있었다. 서울공화국이 탄생한 배경이다.

한편 문제도 커졌다. 한정된 공간에 사람이 몰려들면 재화 가격은 뛸 수밖에 없다. 주거 불안이 상시화됐다. 땅은 제한적인데 인구가 팽창하니 당연한 현상이다. 신도시는 그 해법으로 계획되었다. 증가한 인구를 수용할 새로운 공간을 개발한 것이다.

●● 인플레가 만든 서울 인구 유입과 신도시

신도시는 역사가 깊다. 인구 변화에 발맞춘 필연에 가까운 선택지인 까닭이다. 사실 경기에서 서울로 편입된 강남 개발도 신도시의 전형이다. 1980년대 본격화된 목동·상계동 등의 주택 공급도 마찬가지다. 공식적인 신도시는 베이비부머와 만나 첫 삽을 떴다. 1989년 시작된 분당·일산 등 1기 신도시 다섯 곳이 그렇다. 이는 노태우 정부의 200만 호 주택 공급 계획과 맞닿는다. 주택 부족과 가격 급등이 골칫거리였던 탓이다. 베이비부머가 결혼·출산 적령기인 30대에 진입하자 내 집 마련 욕구가 치솟은 결과다. 미약하나마 집값도 안정됐다. 대신 수도권 집중은 심화됐다. 신도시가 지방 인구의 서울행을 도운 덕이다. 이 때문에 한국은 12%의 공간에 52%의 인구가 몰려 사는 수도권 초과밀 현상을 겪게 됐다(2020년).

덕분에 신도시는 3기까지 확장되었다. 신도시 찬성파는 신도시가 계획적이고 인공적인 개발 방식의 성격을 띠고 있어 뉴타운이나 재개발보다 손쉽다고 주장한다. 집값을 잡는 데 신도시만큼 가성비 좋은 방식도 없다. 이해관계가 적어 결심만 하면 일사천리로 진행된다. 그 때문에 집값 이슈와 연계된 선거공약으로 자주 활용된다.

반면 신도시는 장점만큼 단점도 지닌다. 직주 이탈이 대표적이다. 인구가 서울로 집중되는 것을 완화하려는 시도로 계획됐지만 일과 집의 영역 일치가 불가능하기 때문이다. 일은 서울로, 집은 경기로 갈리니 출퇴근길 교통 혼잡과 비용 유발만 심화시켰다. 사후 광역교통을 비롯한 이동 편의성을 높였으나 불만을 잠재우기엔 역부족이다. 자족 기능 없는 베드타운의 한계다. 외국과 비교해도 차별적이다. 신도시는 주택난을 해결하고자 계획된 탓에 대규모 아파트 단지 위주로 건설된다. 밀도와 층수는 서울 못지않게 고밀·압축적이다. 열악한 도시 공간에 맞서 자연 친화적인 저밀도·자족형 전원도시를 지향하는 서구 사례와 구분된다.

갑론을박은 여전히 뜨겁다. '신도시 건설 vs 콤팩트 시티'의 대립 논쟁이 한 예다. 이는 단순한 이념과 철학 영역을 넘어선다. 비용 대비 편익은 물론 자산 가치에 대한 미래 예측까지 포괄한다. 이제 논점은 앞날로 번진다. 급격한 인구 변화를 볼 때 미래 주거의 지속 가능성만큼 중대 변수가 없어서다. 실제 서울(콤팩트 시티) 및 경기(신도시)의 집값 전망과 결부된 설왕설래가 한창이다.

● 신도시 미래는 인구 변화발 양적·질적 변수로 결정

관건은 인구다. '인구=수요'를 무시한 미래 예측은 무의미하다. 단기 편차는 있지만, 장기 결정은 어쨌든 수급이 모든 변수를 앞선다. 다만 '수요=선호'를 뜻한다면 셈법은 복잡해진다. 미스 매칭 탓이다. 소유에 대한 욕망과 한정된 자원이 만나면 더하다. 따라서 선호 가치에 맞춘 가격 차별화는 당연지사다. 사실 선호 역시 수급, 즉 인구에서 힌트를 얻을 수 있다. 숫자의 양적 변화만큼 기호의 질적 변화도 인구 변화의 핵심이다. 달라진 인구의 달라진 욕구에 주목하는 게 좋다.

그렇다면 말 많고 탈 많은 신도시의 미래는 어떻게 될까. 아직은 흩어진 퍼즐 단계라 예단하기 힘들지만, 몇몇을 붙여보면 밑그림은 그려진다. 체크할 변수부터 살펴보자. 양적 변화에는 전체 인구·솔로 세대·고령 비중, 질적 변화에는 생활 욕구·사용 가치·인식 변화 등이 있다. 동시에 경제 상황도 챙기는 게 바람직하다. 성장 수준·소득 상황·구매 여력 등이 대표적이다.

공급 변화가 없다는 전제하에 수요 관련 추정 가설은 몇 가지로 정리할 수 있다. △인구 충격은 신도시에서 시작된다 △경기 침체는 내 집 마련을 방해한다 △서울 입지의 비교 우위는 심화된다 등이 맞는다면 신도시의 미래는 어둡다. 반면 △솔로 세대는 신도시와 어울

린다 △고령인구는 신도시를 좋아한다 △신도시는 자족 기능이 개선된다 등에 무게가 실리면 앞날은 밝다.

판가름 날 날은 머잖았다. 훨씬 뒷날에 일어날 줄 알았던 인구학적 변곡이 눈앞까지 당겨진 걸 보면 신도시의 향방을 확인할 수 있을 터다. 먼 미래가 아닌 곧 닥칠 이슈라면 정밀한 분석과 신속한 판단만큼 효과적인 준비도 없다.

헷갈릴 때 선행 사례는 도움이 된다. 닮은 것과 다른 것을 비교해보면 벤치마킹이든 반면교사든 방향을 설정하는 데 좋은 예가 된다. 한국보다 인구 문제를 먼저 겪은 일본은 1950년대부터 급속한 산업·도시화에 맞춰 신도시를 개발했다. 수요는 엄청났다. 34만 명의 계획인구로 조성된 다마 뉴타운이 대표적이다. 분양 경쟁률이 80대 1을 기록할 만큼 대단한 인기였다. 남성 전업·여성 가사의 전통적인 4인 가족인 젊은 2030 세대가 입주했다.

◗◗ 근접성·교통권에 엇갈린 일본의 신도시와 부동산

다만 이제는 시대가 변했다. 30%에 육박하는 고령화 비율과 고작해야 1%대 저성장이 맞물리며 일본 신도시의 주거 환경은 악화됐다. 일본의 신도시는 지금 상당수가 유령 마을로 전락했다. 4인 가족의 안락했던 공간은 자녀 출가·부부 간병 탓에 빈집으로 남았다. 아파트 1개 동에 10~20%만 실거주할 정도다. 값은 분양가의 4분의 1에서 6분의 1로 쪼그라들었다. 2000년대 이후 신도시 개발에서 도심 재생 사업으로 전환된 것도 한몫했다. 콤팩트 시티가 도심 주거 수요를 흡수하며 신도시의 공동화를 부추겼다.

이것이 현재 일본 신도시의 대체적인 풍경이다. 다만 속내는 차별적이다. 전체 하락 속 일부 상승이 정확한 평가다. 같은 뉴타운이어도 인구가 몰린 역세권과 신물건은 안정적이다. 접근성과 교통권이 나쁘면 인구는 '자연 감소+사회 감소'의 이중 충격을 가속화한다. 자족 기능의 부족도 크다. 자체적인 생활권을 이루지 못했으니 순환 경제가 이루어질 리 없다. 그럼에도 일본 정부는 버블 붕괴 후 내수를 부양하기 위해 주택 공급을 무제한으로 풀어줬다. 그런 탓에 약한 고리부터 주거와 상권 붕괴가 본격화됐다. 생활 반경에서 생필품조차 사지 못하는 신도시까지 생겨났다.

반면 다마 뉴타운의 JR 다치카와 역세권 부동산 가격은 2010년 대비 150%나 뛰었다. 도쿄 인구부터 지방 인구까지 신도시 알짜 권역으로 몰려든 결과다. 신도시의 고령인구가 외곽에서 중심으로 거처를 옮기는 경우도 많다. 생활하기 편리한 신도시 중심부로 이동하는 것이다. 도쿄 집값에 치인 맞벌이와 싱글 세대의 신도시 중심 선호도 이를 거든다. 이 모든 것이 인구의 양적·질적 변화가 추동한 결과다. 한국의 신도시도 인구통계에서 미래 행보를 찾는 게 바람직하다.

그림 13 한국의 신도시 관련 통계

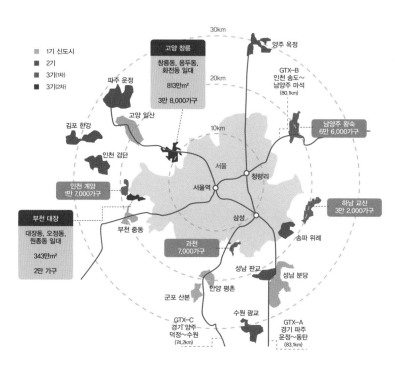

3기 신도시 현황

■ 1기 신도시
■ 2기
■ 3기(1차)
■ 3기(2차)

30km
20km
10km

양주 옥정

고양 창릉
창릉동, 용두동,
화전동 일대
813만m²
3만 8,000가구

GTX-B
인천 송도~
남양주 마석
(80.1km)

파주 운정

김포 한강

고양 일산

남양주 왕숙
6만 6,000가구

인천 검단

서울

인천 계양
1만 7,000가구

청량리

서울역

삼성

하남 교산
3만 2,000가구

부천 대장
대장동, 오정동,
원종동 일대
343만m²
2만 가구

부천 중동

송파 위례

과천
7,000가구

성남 판교

성남 분당

군포 산본

안양 평촌

수원 광교

GTX-C
경기 양주
덕정~수원
(74.2km)

GTX-A
경기 파주
운정~동탄
(83.1km)

- 출처: 국토교통부

사회적 욕구 실현에 맞춘
이동 · 주거 트렌드

-
-
-
-
-
-

인구는 움직인다. 교통수단도, 이동 목적도 다양해진 덕이다. 특히 인구 이동은 갈수록 급격해진다. 전출입은 글로벌 국경 이동까지 확대되었다. 무국경·무제한의 이동 시대가 된 것이다. 예전엔 인구 이동이 적었다. 농업형 전통 사회에선 '출생지=사망지'가 일반적이었다. 고향 땅을 물려받아 농사를 지었기에 이동 동기가 적었다. 출세하러 한양으로 가거나 유통형 보부상을 하는 것이 아닌 한 움직일 이유가 없었다. 이동해도 끝은 고향으로 돌아오는 것이 보통이었다.

지금은 워낙 이동이 잦아 인구추계도 복잡해졌다. 정주 지역별 인구밀도가 출산 수준을 정하기 때문이다. 밀도가 높으면 출산율이 낮다. 인구가 몰린 서울과 수도권은 낮고, 농산어촌은 높은 경향성을 띤다. 도농 불균형과 저출산 기조가 함께 심화된다. 사회이동은 개개인이 합리적으로 판단한 결과다. 취업과 교육을 위한 청년 이동, 의료와 간병을 위한 노인 이동은 자연스럽다. 과도한 도심 쏠림이 문제일 뿐이다. 편리해진 이동 수단도 거든다. 확충된 대중교통과 일반화된 차량 소유가 사회이동을 추동한다.

앞으로는 어떨까. 인구구조가 불러온 환경 변화와 욕구 실현에 맞춘 사회이동은 가속화될 수밖에 없다. 다만 방향은 사뭇 달라진다. 농촌에서 도시로의 무조건적인 이동이 아니다. 청년보다 베이비부머 등 고령인구의 도시 집중이 가속화될 전망이다. 교외와 지방 생활은 가령 욕구와 맞지 않아서다. 해서 차(이동)와 집(주거)을 맞교환해 필요 시설을 완비한 정주형 도시 회귀를 택할 확률이 높다.

청년 이동도 결이 달라질 듯하다. 일자리가 집중된 도시로의 전입은 계속되겠지만, 저성장·고학력·가치관이 반영된 반대 흐름도 예상된다. 청년의 지역살이를 지원하는 정책도 이를 뒷받침한다. 이동과 직결된 차량 수요도 변화한다. 그간 취업과 소득 확보 이후 자연스레 진행됐던 자동차 소유 욕구는 파기된다. 돈 없이 차를 사던 청년의 로망은 설 땅을 잃는다. 무리하지 않고 현실과 타협하기 위해서다. 불가능한 집 구매 대신 작은 사치로 차를 구매하는 휘발 소비(본인 가치 중시 소비)는 줄어든다. 면허를 반납하고 자가용을 포기하는 노년층도 많아진다. 차 없이 살려면 결국 도시로 몰릴 수밖에 없다.

◖◗ 빈곤해진 청년, '로망 버린 현실 타협'

저출산·고령화의 신인구 현상은 주거와 이동의 수요 변화를 낳는다. 또 달라진 사회이동은 산업구조를 재편한다. 인구와 이동이 증가할 때 자동차는 한국 경제의 일등 공신이었다. 수요와 실적 증가뿐 아니라 내수·고용 확대를 이끈 효자 산업이었다.

실제 차는 전후방 연관 효과가 큰 상징적인 고용 창출업이다. 직간접 포함 180만 일자리를 품는다. 자동차 보급은 인구 증가·고도성장의 결과물로 손색없다. 인구 보너스로 압축 성장이 이뤄지며 냉장고·세탁기·흑백 TV가 3종의 신기(神器)로 정착된 후 곧이어 3C(컬러 TV·에어컨·자동차)가 가정 필수품으로 바통을 이어받았다. 고가였던 자동차는 1980년대 3저 효과로 보급이 늘었다. 물가 안정·소득 증가·소비 확산 덕에 중산층이 늘며 마이카(My Car) 시대가 개막되었다. 차를 산업화할 기술·시장·자본도 없던 이전과 비교하면 상전벽해다.

구매 주역은 2030 세대였다. 오늘보다 나은 내일을 선사해준 고성장·인플레가 자동차 구매의 부담을 덜어줬다. 차별적 이동권의 확보라는 청년 특유의 선호와 상징도 한몫했다. '월세 → 전세 → 자가'의 내 집 마련 표준 경로처럼 자차 구매도 '신차 → 교체' 수요가 먹혔다. 1989년 제1기 신도시가 들어서면서 도심에서 교외로의 주거 공간 분산 배치도 자동차 수요를 지지했다. 자차 보급이 사회이동의 허들을 낮추었다. 덕분에 시장과 기업은 급성장했다.

지금은 꽤 달라졌다. 저성장·인구병의 먹구름이 자욱해 심상찮은 변화 조짐 앞에 섰다. MZ세대를 중심으로 감축 소비와 절약 지향은 본격화되었다. 한국보다 인구 변화가 빨랐던 일본은 청년인구의 탈(脫)자가용화가 심각하다. '남성+청년'의 주력 고객이 미래 불안과 물욕 저하로 차량 구매욕을 낮췄다. 원래 취업·결혼·육아 등 생애 주기와 마이카 구매·교체는 일치했다. 페라리가 뭔지 모르는 2030 세대가 흔하다는 말까지 들린다. 희망 소비 중 랭킹 10위 밖까지 밀렸다는 분석도 있다. 차는 이동 수단이지 과시 대상이 아니란 인식 때문이다. 월급이 안 오를지도 모르는데 대출을 받을 청년은 거의 없다.

그럼에도 이동 자체를 멀리하진 않는다. 대중교통이 편리해졌음에도 운전해야 할 필요는 있다. 유력한 대안은 공유 소비다. 소유보다 사용을 우선하는 새로운 소비 패턴이다. 빌려도 충분한데 굳이 세워둘 이유가 없다.

신차 판매를 억누르는 자충수 염려에도 차량 메이커가 구독 경제를 도입하는 일까지 벌어진다. 다이슨이 렌털 서비스에 나섰듯 도요타도 공유 서비스(도요타쉐어)를 시작했다. 공유 시장은 커진다. 점유율 95%로 카 셰어링 양대 산맥인 쏘카·그린카 매출은 2011년 6억 원에서 2020년 3,000억 원대까지 늘었다. 강력해진 1인화를 감안할 때 생애 주기형 차량 구매는 더 줄어들 확률이 높다.

실제 후속 세대의 자동차 구매는 감소세를 보인다. 2015~2019년 5년간 20~40대의 자동차 구매는 24% 줄어들었다. 83만 대(2015년)에서 67만 대(2019년)까지 축소됐다. 특히 2015년 대비 2019년 20~30대의 신규 등록은 20대가 10.3%, 30대가 11% 감소했다. 그중 30대는 5년간 34만 대에서 25만 대까지 줄었다. 5060 세대의 증가세(각각 1.1%·10.1%)와 비교된다. 동일 기간 60대는 17만 대에서 23만 대까지 늘었다(국토교통부).

900만 1인 가구가 집의 수요를 새로 떠받치듯 독신 고객의 잠재 수요도 일정 부분 기대된다. 반론도 있다. 선진국보다 땅덩이가 좁을뿐더러 수도권 인구 과밀마저 비정상적으로 높고, 주차난과 저성장을 봐도 교체 수요 말고는 창출되기 힘들다는 쪽이다. 수소·전기차 등 친환경 차는 논외다. 증가율은 2015년(4.3%)부터 줄며 2019년(2.0%) 바닥을 찍었다. 2020년은 거리 두기·신차 출시·세제 혜택 덕분에 2.9%의 깜짝 반등을 보였다는 평가가 많다. 대중교통 기피와 국내 여행 선호도 반짝 증가에 기여했다. 그럼에도 평가를 취합해보면 일시적 반등일 뿐 장기적 추세는 아니란 게 중론이다.

◗◗ 불편해진 노년, '차와 집의 맞교환과 도심 회귀'

수출 주도적인 중추·토대 산업이라 자동차업계의 위기는 한국 사회의 악재일 수밖에 없다. 인구 변화가 불러온 산업 재편을 기회로 삼자는 주장이 설득력 있다. 우선 주목할 건 생애 주기를 깬 고령인구의 달라진 자동차 수요다. 환갑 전후 인구 집단의 신차 구입 경향이 뚜렷해진 덕분이다. 통계 없이도 미래 시장의 주력 고객이 고령인구란 데 이견은 없다.

지금의 고령인구는 현역 시절 도시화와 국제화에 힘입어 이동을 자주 경험했다. 그들에게 자아 성취형 노후도 본격적으로 기대해볼 만하다. 더 늙기 전에 꿈을 이루기 위해 고가 차량을 구매할 수 있다는 얘기다. 일본에선 베이비부머의 스포츠카 구매가 핫이슈로 부각됐을 정도다. 노후엔 이곳저곳 여행을 다니겠다는 인식도 이동 편의를 위한 자동차 수요를 늘린다. 자동차만 있으면 동선을 확대하고 도보 거리를 축소할 수 있는 것은 물론 수납 공간도 확대된다. 이 같은 장점에 더해 동반 여행까지 수월하니 적극적인 노후 여행이 가능해진다.

자동차 수요의 또 다른 유력 잠재 고객은 중·고령 여성이다. 그들은 인구수와 금전 능력 모두 파워풀해졌다. '경단녀' 위기를 뛰어넘고 자녀 양육을 끝낸 데다 고학력의 인생 경험과 노년 가치 모두 선배 세대와는 꽤 달라졌다. 노후에 대한 불안이 남아 있으나, 가족을 위한 희생 의지는 옅어진다.

늘어나는 황혼 이혼처럼 인생 자체를 즐기려는 욕구도 증가세다. 연금과 재산 분할로 홀로서기가 가능해져 금전 불안도 상대적으로 적다. 즉 자금·시간·건강의 3박자를 두루 갖춘 중·고령 여성의 등장은 고가 내구재인 자동차 구매의 여력을 확대시킨다. 무엇보다 인생 후반전의 취미를 위해서도 자동차 마련은 중요하다.

생활 측면에선 골목 상권의 소매 유통 붕괴가 자동차 수요로 연결된다. 차량 없이 교외의 대형 할인점을 찾기 힘들어서다. 아니면 일본에서 문제가 된 구매 난민으로 전락한다. 실제 일본에선 60대 여성의 면허 보유율이 계속 증가하는 추세다. 2000년과 2017년을 비교하면 60~64세(147만 명 → 305만 명), 65~69세(86만 명 → 337만 명) 등으로 폭증했다(일본 경시청).

한국도 추세를 좇을 확률이 높다. 인구 변화·구매 환경·노년 욕구 등이 닮아서다. 물론 넓게 퍼진 저밀도 단독주택이 태반인 일본과 다른 점도 있다. 그럼에도 당장 노년 고객의 자동차 구매는 증가세를 보인다. 일찌감치 업계도 자차 구매의 큰손으로 환갑 전후 연령대를 규정했다. 2030 세대가 시장을 이끌던 경·소형 세단은 타격을 입은 반면 대형·안전·편안을 내세운 고가 차량이 5060 세대를 중심으로 급성장했다. 2021년 1~8월 등록 신차(89만 대) 중 5060 세대(47%)가 2030 세대(45%)를 웃돌기도 했다(카이즈유, carisyou.com).

● 노년의 자동차 구매, 대안은 콤팩트 시티

달라진 노년의 자동차 구매가 지속적인 현상일 수는 없다. 사실상 병에 걸리지 않을 때까지 가능한 이슈다. 유병 비율이 ±75세부터 확연히 높아진다는 점을 유념할 필요가 있다. 이는 자연스레 면허 반납으로 이어진다. 고령 운전자의 교통사고가 늘면서부터다. 이동권을 박탈하고 잠재적 사고 유발자 취급을 한다는 등의 반발에도 운전 제한은 불가피할 전망이다.

결국 한시적인 트렌드란 의미다. 환갑 전후부터 본다면 최장 20년 지속될 새로운 노년 욕구다. 몸이 불편해지고 운전이 힘들어지면 자동차 수요는 줄어든다. 갈수록 세워둘 일이 늘면 자동차를 구매하고 보유하는 데 따른 효능은 저감된다. 필요하면 청년처럼 공유 서비스로도 충분해진다. 자동차 이탈 유인이 커지는 셈이다.

그럼에도 늙었다고 쇼핑·방문 등 이동 동기가 줄지는 않는다. 되레 간병과 의료 등 편의 시설 접근 필요는 늘어난다. 이때 주거 공간의 재편을 둘러싼 고민이 현실화된다. 요컨대 불편해진 노년의 삶을 극복하려는 차원에서 차와 집의 맞교환이 발생하고, 그 결과 고령인구의 도심 회귀도 심화된다. 즉 고령인구의 달라진 자차 수요는 갈수록 이동과 주거를 한꺼번에 해결하려는 취지의 지각변동을 불러올 전망이다.

한때 전원주택 등 도시 근교·외곽 지역·지방으로의 주거 이전은 은퇴 세대의 로망 중 하나였다. 한적한 농촌에서 자연을 벗 삼아 노후를 보내려는 수요였다. 지금도 붐까진 아니나 상당수 중·고령인구가 시골살이를 염두에 둔다. 과소 지역의 인구 유입책으로 행정 당국의 인센티브도 상당해졌다. U턴(지방 출신의 고향 이주), I턴(도시 출신의 지방 이주), J턴(지방 출신의 타지 이주) 등 청년 시절에 도시로 향하는 사회 이동과 반대되는 트렌드다. 다만 고령인구의 시골살이는 꽤 신중해졌다. 기대와 달리 집을 관리하기 힘들며, 무엇보다 고립감 때문에 외롭다는 불편과 불안이 가중된다.

치명적인 건 불편한 대중교통이다. 교외 거주는 신체 건강과 자동차 이동을 전제로 하는데, 노년에는 그 현실과 계속 맞부딪힌다. 의료 필요성은 점점 더 커지는데, 운전이 제한되면 교외에 거주하는 것 자체가 힘들어진다. 생활이 불편한 것은 참을 수 있으나 의료 욕구는 참을 수 없다.

그렇다면 방법은 차와 집을 맞바꾸는 선택뿐이다. 버릴 수밖에 없는 차라면 거주 환경 자체에서 이동할 필요를 없애는 방식이다. 나이 들어 다시 도시 진입을 시도함으로써 노년 특유의 요구를 실현하는 카드다. 친환경을 찾아 떠난 사회이동의 취지가 사라지고 재차 도시형 주거 공간으로 회귀하는 셈이다. 아니면 애초부터 도시 거주 뿐이다. 운전이 전제된 편리한 사회이동과 교외 거주의 생활 만족이 비례하는 건 한시적이다. 종국엔 '노년에는 도시로'의 정합성이 강조될 여지가 크다.

이때 콤팩트 시티가 대안으로 떠오른다. 워낙 광범위한 개념이자 모델이지만, 핵심은 교통·행정·병원·상업 등 편의 시설을 거주 범위 안에서 한꺼번에 제공하는 체계다. 부도심과 외곽권의 신도시 개발로 인구 분산·집값 통제·개발 수요를 풀던 방식에 맞서 도심 공간을 압축·고밀도형의 순환 생태계로 만드는 방식이다. 젠트리피케이션처럼 사람을 몰아내는 도시가 아닌 불러오되 가성비 좋은 주거 모델을 뜻한다. 그린벨트까지 풀며 거주 공간을 외곽으로 확장해 교통 불편·인구 감소·재정 악화·활력 감소 등을 초래하지 말고 콤팩트 시티를 활용해 '압축 개발 → 편의 확충 → 인구 유입 → 이동 감소 → 환경 보호' 등 선순환을 좇자는 의미다. 이를 통해 중심 시가지에 △안정적인 고용 창출 △인구 유입형 교류·정주 촉진 △생활환경의 편의성 가속 △공공 교통 거점 집중 등 기대 효과를 실현할 수 있어서다.

당장의 타깃은 교외 거주 고령인구다. 고립된 생활 약자가 도시로 회귀하면 더 나은 생활수준을 누릴 수 있다. 차 없이도 걸어서 일상 이슈를 해결하니 만족도가 높다. 콤팩트 시티의 출발은 교통 편의다. 집과 차를 맞바꿀 충분한 대중·공공 교통이 관건이다. 실제 콤팩트 시티가 자리를 잡은 사례에선 차 없이도 일상생활이 원활히 이뤄져 고령인구의 활동이 촉진된 것을 확인할 수 있다. 물론 한계도 많다. 과도한 주거 비용이 대표적인데, 이것도 경제력을 갖춘 고령인구라면 사정이 좀 낫다.

표 3 콤팩트 시티의 기대 효과

구분	기대 효과
대중교통 확대 이용	자동차 이용 억제로 이산화탄소 배출량 저감/대기오염·소음·교통사고 위험 감소/대중교통 수익 확보 및 편리 도모의 순환 창출
도시 외곽 개발 억제	농촌 경관 보존·관리/중심 시가지 활성화/도시 기반 시설 정비·관리 비용 절감/대형 쇼핑몰 교외 입지 제한
시가지 고도 이용 · 복합 기능 집중 배치	도시 중심 개성 형성·재생 도모/기반 시설 정비로 도시 공간 유효 활용/도시 고밀화로 이동 거리·에너지 소비 감소/도시 중심의 다양한 커뮤니티 형성
지속 가능 도시 조성	사회 전체의 공평성 유지/도시의 매력 증진/도보 가능한 생활공간 확보

- 출처: 이점순(2018), 〈일본의 콤팩트 시티 추진현황 및 개선방안 연구: 일본 도야마시의 실천사례를 중심으로〉, 동북아경제연구 Vol.30 No.2

그림 14 인구 변화와 콤팩트 시티(재집중화)

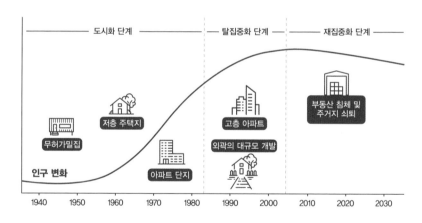

- 출처: 구자훈(2015), 〈한국 도시재생 정책의 현황과 추진방향〉, 도시재생공동포럼

주거 생활 트렌드

늘어나는 빈집 활용을 위한
몇몇 실험

한국은 2019년 자연 감소를 기록했는데, 그래도 서울과 수도권은 비켜갔다. 되레 인구 증가로 한정 자원 확보 경쟁은 치열해졌다. 자연 감소를 메우고도 남을 사회 증가 때문이다. 인구 블랙홀로 정착된 서울과 수도권의 힘이다.

반면 인구 댐이 붕괴된 지방 권역은 자연 감소에 사회 전출까지 겹쳐 인구가 급격하게 감소하고 있다. 229개 지자체 중 105개가 소멸 위험 딱지를 받았다. 인구가 감소하면서 빈집이 늘어나고 있는데, 이런 빈집 이슈가 당장 의아하고 불편한 사람이 많을 것이다. 어디는 없어서 영끌 매수를 하는데, 어디는 빈 곳이 많아 방치되니 문제다. 원래 완전경쟁이 적용되는 재화라면 값은 수급 균형에서 매겨진다. 그렇지만 부동산은 좀 다르다. 입지별 수급 조절이 곤란해 차별적인 가격 왜곡이 발생한다. 고정된 지리·공간적 특수성 탓에 일물일가(一物一價, 동일한 제품은 동일한 가격으로 판매되어야 한다는 것)에서 비켜선 셈이다.

게다가 투자용 가수요까지 생겨나 엄밀한 욕구 분석이 힘들다. 그 결과가 선호·지역별 가격 양극화다. 2019년 자가 비율이 56.3%에 불과한데도 빈집이 늘어나는 딜레마가 생긴 것이다. 즉 '수도 우위 vs 지방 열위'는 자연스러운 현상이다.

그렇다고 빈집을 내버려둘 수는 없다. 빈집은 대형 쓰레기로 다양한 문제를 낳는다. 온기 없는 중고 폐기물은 농촌만의 문제가 아니다. '원도심 vs 신도심'의 양극화가 심한 지방과 중소 도시까지 번진다. 서울을 포함한 수도권마저 증가세다.

발생 구조는 인구 변화 탓이다. 먼저 자연 감소가 빈집을 늘린다. 자녀 세대의 증발(저출산)과 부모 세대의 사망이 떠들썩하던 집을 무인화한다. 청년인구의 도시 전출도 빈집을 양산한다. 농촌은 자녀 독립과 부모 사망 후 빈집이 생겨난다. 도시도 상권 이동과 인구 유출로 거주 수요를 잃으면서 빈집화 현상이 나타난다. '깨진 유리창의 법칙'(유리창 파손 등 경미한 범죄를 방치하면 큰 범죄로 이어진다는 범죄심리학 이론)처럼 빈집은 슬럼화를 동반하며 미관 훼손·범죄 노출 등 생활의 질을 떨어뜨린다.

2019년 빈집은 전체 주택의 8.4%(152만 호)에 달한다. 2015년 6.5%(107만 호)에서 적잖게 늘었다(인구주택총조사). 1995년 35만 호였다니 상당한 증가세다. 아파트(84만 호)가 압도적인 가운데 단독주택 (33만 호), 다세대주택(25만 호)이 뒤를 잇는다. 지역별로는 2019년 기준 전남(15.5%)을 필두로 제주(15.1%)·강원(13.4%)·경북(13.3%) 등이 많으며, 서울(3.2%)·대구(5.1%)·경기(6.4%) 등이 적다(e-지방지표). 서울 (9만 3,042호)도 상당하다.

물량으로 보면 경기(27만 8,815호)가 압도적으로 많다. 2015년 15만 호 이하였는데, 불과 5년 만에 2배가량 증가했다. 광역시 중에 서는 부산(10만 9,651호)과 대전(2만 9,640호)이 각각 최상과 최하위를 기록했다. 인구 유입이 많았던 세종(1만 6,437호)이 빈집은 가장 적다. 2015~2019년 기준 빈집 증가세는 17개 광역 지자체 중 서울·세종을 뺀 전체적 현상이다. 매년 예외 없이 전년 대비 빈집이 증가했음을 확인할 수 있다.

주지하듯 빈집 비율과 고령 추세는 비례한다. 실제 전남의 고령 화율은 22.6%로 광역권 중 가장 높다. 기타 지역도 유사한 행보를 보 인다. '고령화율 → 빈집 증가'의 수순이다. 고령화와 저출산이 맞물 린다(고령인구/전체 인구=고령화율)는 점에서 지역 청년 증발은 고령화율 을 한층 높일 수밖에 없다.

◗● 도시까지 퍼진 매서운 빈집화와 숫자 논쟁

증폭된 출산 기피와 수도권 인구 전입을 보건대 고령화와 빈집화는 더 거세질 전망이다. 일찌감치 초고령사회에 진입한 일본에서 한국 의 미래 모습을 확인할 수 있다. 일본의 고령화율은 28%로 초고령사 회(20%) 문턱을 넘어섰다. 1,800여 기초지자체 중 지방 권역 상당수 는 2명 중 1명이 고령인구일 정도다.

일본의 빈집은 2019년 846만 호에 육박하는데, 이는 한국의 5.5배 이상이다. 전체 주택(5,362만 호) 중 임대 대기용(431만 호)과 방치 빈집(347만 호) 및 별장 등 기타(68만 호)를 합한 수치다. 1998년(576만 호)보다 47% 늘어난 수치다.

미래 전망은 어둡다. 2033년 전체 주택의 30.2%(2,146만 호)까지 예상된다(노무라종합연구소). 주택 공급 절정기였던 1970~1980년대 주택이 건축 40~50년째가 되며 잠재 후보로 편입된다.

도시에도 빈집이 많다. 숫자로는 도쿄(81만 호)가 1위다. 물량 중 상위는 대부분 대도시를 품은 지자체다. 오사카·가나가와·아이치·지바 등이 2~5위권이다. 인구가 많으면 빈집이 적을 것이란 추정은 빗나갔다. 신도시 아파트의 빈집도 증가세다. 서구와 달리 중고보다 신축을 선호하는 현상이 두드러지기 때문이다.

대응책은 하나로 요약된다. 빈집을 활용하는 것이다. 그러자면 빈집에 대한 정확한 개념과 범위가 필요하다. 아쉽게도 이를 둘러싸고 논란의 여지가 많다. 일시적 방치 혹은 주기적 방문일 경우 빈집이냐 아니냐를 두고 논란을 벌인다. 통계는 1년 이상 사람이 안 살 때 빈집으로 본다. 문제는 최근 늘어난 사례로 고령 거주자의 병원과 시설 입소가 길어질 때다. 짐을 그대로 놔두어야 하는 데다 일시적으로 퇴원하는 경우도 많아 팔거나 빌려주기 어렵다. 더불어 빈집을 판단할 때 임대·매매용 물량은 빼자는 주장도 있다. 완전한 빈집이 아니어서다. 사람이 못 사는 폐허 물량도 고민거리다.

그럼에도 빈집은 빈집이다. 내놔도 거래되지 않거나 고치지 않는다는 건 그만큼 값어치가 없다는 뜻이다. 한국도 비슷하다. 지자체로선 빈집이 많아 좋을 게 없으니 줄이려는 유인에 휩싸인다. 2019년 통계청과 D시가 빈집 수를 각각 2,838호·180호로 16배나 차이 나는 결과를 내놓기도 했다. 통계 범위가 달랐지만, 미묘한 입장 차이가 있다. 기초지자체 종합 평가 항목에 빈집 실태를 신설하겠다니 이해하지 못할 바는 아니다. 핵심은 활용을 위한 수급 조정이다. 즉 관리된 빈집과 방치된 빈집은 접근 자체가 다르다. 정확한 공급 가치와 면밀한 수요 욕구를 매칭할 때 빈집 재활용이 늘어나기 때문이다.

●● 빈집 재검토를 통한 유효 활용의 실험과 평가

문제가 심각해지자 일본 정부는 '빈집대책특별조치법'을 만들었다. 등록면허세와 취득세를 낮춰 민간의 관심을 유도하기 위해서다. 규제도 풀었다. 허가 없이 신고만 해도 민박으로 활용할 수 있다. 빈집대책용 보조금 제도도 한몫했다. 재개발 붐과 지역 활성화를 위한 마을 재생 프로젝트도 빈집 활용률을 높인다. 직접 개입도 많다. 특별법에 따라 2013~2018년 493개 지자체가 관련 대응에 나섰다. 조언·지도(1만 3,084건), 권고(708건), 행정대집행(118건) 등이다. 조례 등 대책 계획을 세운 지자체도 1,122곳에 달한다. 공통점은 적정 관리를 포함한 이용·활용 촉진이다.

상담 창구를 설치해 빈집 소유자용 서비스를 개발하기도 한다. 가령 도쿄 한복판의 금싸라기 땅에 위치한 세타가야구(4만 9,070호)는 빈집 발생 자체를 억제하는 정책을 편다. 최대 300만 엔의 보조금을 투입해 유효 활용을 위한 다양한 실험을 하고 있다.

한국도 2017년 '빈집특별법(빈집 및 소규모 주택 정비에 관한 특례법)'을 내놨다. 빈집 정비 사업을 활성화하기 위해 규제 완화와 지원 규정 등에 대한 법률 근거를 마련하고자 했다. 또 빈집은행을 수급 플랫폼화해 정확한 정보를 제공하고 활용 여지를 강화하는 중이다. 특히 LH(한국토지주택공사)의 빈집이음은 구매·리모델링 후 공공 주택과 청년 공간으로 제공하는 사업이다.

그럼에도 정책의 실효성은 의문스럽다. 현장 반응도 사뭇 냉정하다. 사업지로 지정해도 소유주를 찾고 설득하는 것부터 허들이다. 수익조차 마뜩잖아 사업화는 지연된다. 빈집 플랫폼의 이용률이 낮다는 점도 문제다. 반대로 시장과 민간의 경쟁력·수익성을 활용하는 접근법이 설득력 있다. 빈집 활용을 비즈니스화하는 것이다. 이웃과 동네에까지 번지는 황폐화와 잠재적 범죄 공간·화재 우려를 보건대 어떤 식이든 재활용하는 게 낫기 때문이다. 빈집 한 채가 마을 전체의 공동화를 낳는 전염성을 볼 때 민간 참여의 독려와 확대가 전제된 신속한 수급 매칭이 중요하다. 빈집을 매입해 공익·공유 실현형 공간뿐 아니라 고부가가치의 혁신 공간으로 변신시키는 사례가 증가하고 있다.

실제 오래된 집을 둘러싼 새로운 선호는 트렌드가 됐다. 구옥을 현대적으로 재해석해 다양한 공간으로 활용하려는 레트로적 접근이 그렇다. 판박이 아파트를 벗어나 '자신다움'을 실현할 무대로 중고 주

그림 15 2019년 광역 지자체별 빈집 규모

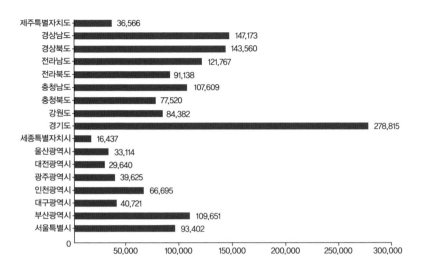

- 출처: 국가통계포털 주택총조사

그림 16 2019년 광역 지자체별 빈집 증가세(2015~2019년)

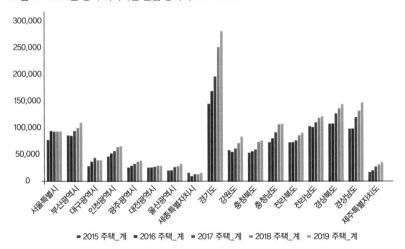

- 출처: 국가통계포털 주택총조사

주거 생활 트렌드 **171**

택을 택하는 경향도 늘었다. 이를 통해 거주·상업 공간을 적절히 섞은 새로운 공간을 연출한다. 무엇보다 중요한 건 빈집이 발생하는 근본 원인인 인구 변화를 고려하는 것이다. '출산 회복 → 수요 증가 → 빈집 감소'의 선순환을 위해서다. 또 저가치 주택 제거 유도, 중고 주택 유통 정비, 다가구·다세대의 단독화, 콤팩트 시티 실현 등도 필요하다(노무라종합연구소).

인구 변화에 따른 집의 재구성, '1인화 콘셉트'

인구 감소에 대한 정부 대응은 미진하다. 거액을 숱하게 쏟아부었으나 체감되는 정책 성과가 없다면 해결책을 다시 한번 고려해봐야 한다. 시장은 좀 낫다. 성장은커녕 생존이 걸린 탓에 오래전부터 인구를 상수로 포용했기 때문이다.

인구 변화는 복합적이고 다각적이다. 한 단어로 변화 양상을 읽어내기엔 역부족이다. 다만 많은 변화를 관찰해보면 빠지지 않는 공통 현상을 포착할 수 있다. 현재로서는 '1인 가구'가 변화의 중심에 있다는 것이다. 일자리는 줄어들고 출산율은 떨어지며 가치관은 변화하는데, 그 결과가 1인화로 압축되는 까닭이다. 혼자 살 수밖에 없는 상황이 인구 변화의 기저에 깔린 셈이다. 2020년 1인 가구는 39.2%에 달한다(행정안전부). 집 10곳 중 4곳이 나 홀로인 셈이다.

지금은 청년인구의 1인화가 관심사지만, 단신 가구는 원래 중·고령기에 몰린다. 사별과 이혼 등 고령 단신은 누구에게든 불가피하며 급증하는 고령화율은 이를 더 추동한다. 남녀노소 불문 1인화의 삶이 확산될 수밖에 없다. 더구나 청년인구의 만혼과 비혼은 중년 싱글화로 이어진다. 따라서 경제 주체라면 당분간은 1인화에 초점을 둬 연령·지역·소득별로 욕구와 취향을 정밀하게 읽어야 한다. 그런 다음 제품·서비스별로 잠재 고객과 세부 요구를 맞춰보는 게 순서다.

●● 1인화를 이해하면 부동산의 앞날도 예측 가능

대세를 읽지 못하면 뒤처질 수밖에 없다. 인구 변화에 따른 1인화는 단발 현상이 아니다. 1인화를 주도하는 후속 세대의 취약한 경제력과 새로운 가치관은 그들의 생존 법칙으로서 '나 홀로'를 심화시킬 전망이다. 그럼에도 시장은 눈치작전으로 일관한다. 자신감이 없거나 불확실성에 사로잡힌 결과다. 너무 앞서도 문제지만, 뒷북만 쳐서도 곤란하다. 놀랄 만한 한국의 달라진 인구구조를 볼 때 욕구 변화는 대단히 광범위하고 깊숙하다.

부동산은 특히 그렇다. 영향력과 파급력을 볼 때 부동산은 1인화의 출발지이자 도착지로 분석된다. 1인화는 사실상 집과 관련된 시대 변화로 귀결된다. 청년인구가 1인화로 접어든 건 결혼 생활을 할 마땅한 집이 없어서다. 집은 가뜩이나 값비싼 구매 대상인데 인내해도 미래 소득을 확보할 수 없는 현실이니 가족을 늘리는 것은 버려야 할 카드인 셈이다. 저성장으로 구매력조차 악화된 보통 청년에게 집 마련은 한층 요원해진다.

따라서 부동산은 청년 불행을 불러왔다는 혐의를 받는다. 포인트는 두 가지다. 먼저 일반적으로 선호되는 주택 타입인 20~30평대 아파트를 보자. 3~4인 가족 거주를 전제로 한 아파트는 실수요든 가수요든 과수요 상태다. 신규 분양이 값을 올리고 기존 주택이 뒤따르는 구조다. 즉 '살 만한 집'의 공급이 늘 달린다. 남녀노소를 불문하고 전 국민이 저금리에 올라타 매수 행렬에 나선 이유다. 시간이 차익을 불려준다는 토지 신화도 큰 영향을 미쳤다. 여기에서 대부분의 보통 청년은 배제된다. 1인화에 맞춘 집이 부족한 것도 문제다. 오피스텔과 임대주택, 셰어 하우스를 빼면 급증한 1인화의 주거 욕구에 맞는 집이 별로 없다.

청년은 빈곤하다는 인식을 바탕으로 한 시장 대응은 유효하다. 없는 수요에 맞출 수는 없는 노릇이다. 단 염두에 둘 게 있다. 1인화의 심화는 가족 거주의 감소를 뜻한다. 일반적인 주택의 인기가 언제까지 계속될 수 없다는 얘기다.

●● 인구가 줄어도 집값이 떨어지지 않는 이유

주택 정책은 이제 달라진 시대 변화에 맞춘 대응이나 선제적 접근이 요구된다. 1인화 양상은 예전과 다르다. 숫자는 많고 속내는 까다롭다. 지금은 2030 세대지만, 이들은 곧 중·고령으로 접어든다. 구매력은 높아지고 눈높이는 변한다. 1인화를 세심하게 투영한 새로운 주거 공간은 몇 년 후 뉴노멀로 안착할 수 있다. 정해진 미래이자 예고된 힌트다. 따라서 '집의 재구성'은 필수다. 그 재구성의 페르소나 (persona)가 1인 가구다. 인구 변화는 단순한 참고 자료가 아니다. 전략 수립의 토대에 가깝다.

전체적으로 1인화 대응 시장은 초기 단계다. 간편식을 필두로 1인 고객용 특화 시장이 주목받으나 아직 일반적이지 않다. '인구 변화는 곧 1인화'라는 것이 확인된 이상 선점은 못해도 최대한 발 빠른 대응이 필요하다. 3~4인의 가족 소비는 이제 표준 모델일 수 없다.

인구 변화를 초고령사회 진입으로 받아들인 일본의 전략을 살펴보자. 2014년 파나소닉이 내놓은 시니어 고객용 'J-콘셉트'는 가전 라인업에 고령 욕구를 정밀하게 반영한 프로젝트다. 일종의 신브랜드로 고령 고객의 불편과 불안, 불만을 하나둘 제거했다. 가볍고(청소기), 밝으며(조명), 넓고 얕게(세탁기), 그리고 수납은 눈높이(냉장고)에 맞춰냈다.

이를 차용해 한국적 1인화 전략인 '1인화 콘셉트'를 실행하면 어떨까. 1인 가구로 사는 달라진 고객의 욕구 충족형 디자인을 적용하자는 것이다. 1인화를 기준으로 기획부터 마케팅은 물론 타사와의 협업을 실현해보는 것이다. 1인화에 성공하면 2~3인화도 품을 수 있다.

이와 같은 인구 변화에 따른 작은 혁신 실험은 위기를 기회로 만드는 지름길이다. 문제는 시간이다. 전대미문의 과격한 인구 변화가 시작된 한국 사회는 더욱 서둘러야 할 것이다.

그림 17 급속히 늘어나는 1인화 비중 추세

	1인 세대	2인 세대	3인 세대	4인 세대 이상
2020	39.2%	23.4	17.4	20.0
2019	37.8%	22.8	17.8	21.6
2018	36.7%	22.4	18.1	22.8
2017	35.7%	21.9	18.3	24.1
2016	35.0%	21.5	18.4	25.1

- 출처: 행정안전부

표 4 세대 형태별 규모 및 비중 증감 추세 (△는 감소를 뜻함)

구분 (연도)	전체 세대		1인 세대		2인 세대		3인 세대		4인 세대 이상	
	세대수	전년 대비 증감 (%)	세대수 (비중)	전년 대비 증감 (%)	세대수 (비중)	전년 대비 증감 (%)	세대수 (비중)	전년 대비 증감 (%)	세대수 (비중)	전년 대비 증감 (%)
2020	23,093,108	611,642 (2.72)	9,063,362 (39.2)	574,741 (6.77)	5,404,332 (23.4)	275,212 (5.37)	4,011,660 (17.4)	6,107 (0.15)	4,613,754 (20.0)	△244,418 (△5.03)
2019	22,481,466	438,519 (1.99)	8,488,621 (37.8)	403,095 (4.99)	5,129,120 (22.8)	199,783 (4.05)	4,005,553 (17.8)	21,508 (0.54)	4,858,172 (21.6)	△185,867 (△3.68)
2018	22,042,947	410,096 (1.90)	8,085,526 (36.7)	360,323 (4.66)	4,929,337 (22.4)	194,409 (4.11)	3,984,045 (18.1)	24,624 (0.62)	5,044,039 (22.9)	△169,260 (△3.25)
2017	21,632,851	338,842 (1.59)	7,725,203 (35.7)	278,538 (3.74)	4,734,928 (21.9)	165,966 (3.63)	3,959,421 (18.3)	32,333 (0.82)	5,213,299 (24.1)	△137,995 (△2.58)
2016	21,294,009	282,857 (1.35)	7,446,665 (35.0)		4,568,962 (21.5)		3,927,088 (18.4)		5,351,294 (25.1)	

- 출처: 행정안전부

코로나19가 불러온 집의 재검토, '값은 싸고, 직장과 멀어도, 넓을 것!'

코로나19 후폭풍은 쉽게 끝날 것 같지 않다. 몇 년이 흘렀건만, 희망과 불안은 상존한다. 다만 고무적인 건 있다. 결코 바뀌지 않을 듯하던 상식이 변화 압박에 하나둘 무릎을 꿇는다는 점이다. 거리 두기가 빚어낸 새로운 풍경 중 몇몇은 달라진 뉴노멀로 흡수된다. 재택근무, 모임 자제, 가상 교류 등이다. 집을 둘러싼 인식 전환도 빼놓을 수 없다. 생활 양태와 거주 가치 등 상식도 흔들리고 있다.

코로나19는 집의 재구성 실험을 부추겼다. 직업과 주거 공간 문제로 연결되는 직주 관련 제도와 수요가 변화한 탓이다. 이로써 잊고 있던 집의 가치와 기능 찾기가 본격화될 수 있다. 소유에서 활용으로 가치 전환을 수용한 MZ세대의 타협적 태도도 한몫한다.

과연 집은 무엇이며, 어때야 할까. 값비싼 필수재일까 혹은 표상의 사치재일까. 뜨거운 갑론을박만큼 정답은 없다. 현재로서 집은 부동산 정치로 비화될 정도로 온 국민의 욕망과 좌절이 부딪히며 쌓아

올린 공간인 건 분명하다. 토지 신화와 결부된 한국적 특수성부터 반복된 시장 수급의 미스 매칭도 혼란을 덧댄다.

◖◗ 코로나19가 불러온 생활 양태·거주 가치의 변화

어쨌든 중요한 건 만고불변의 철칙이 없다는 것이다. 집을 재검토하는 움직임은 그 자체로 의미 있다. 시장 심리란 순식간에 달라져 집의 본질을 찾으려는 경향이 의외로 빨리 안착할 수도 있다. 수급과 구매를 가르는 인구 변화와 감소도 이를 거든다. 최소한 그간 고집했던 절대적인 게임 원칙은 약화될 수 있다.

먼저 선호하는 공간에 변화가 생겼다. 인구 변화에 따른 1인화와 재택근무 확산 추세가 변화의 물꼬를 텄다. 집에서 머무는 시간이 늘어나면서 나타난 현상이다. 원가가 비쌀수록 가격이 높은 건 당연하다. 아파트도 클수록 비싸야 맞다. 다만 선호는 가격을 왜곡한다. 한때 같은 단지라도 대형 평형이 중형 평형보다 싼 역전 현상이 있었다. 수요가 적고 유지비가 높아서다. 1인당 최대 33㎡(10평)이 적당하다면 4인 가족도 99.1㎡(30평)대면 충분했다.

지금은 다르다. 평형보다 입지가 결정적이나, 평형도 웬만하면 클수록 좋다. 코로나19로 재택근무 시간이 길어졌고, 1인 가구도 특화된 개별 공간을 원하기 때문이다. 구매력이 관건일 뿐 넉넉한 집을 바란다. 실제 코로나19 전후의 거주·공간 선호 키워드를 보면 위안을 줄 집으로 바다와 마당을 함께 검색한 경우가 3.29배 늘었다. 중

표 5 전년보다 증가한 거주·공간 관련 키워드

구분	키워드	비율(2019년 → 2020년)
집에 +α의 위안	바다가 보이는 집, 마당이 있는 집, 봉당(흙)이 있는 집	3.29배
중정에 대한 동경	중정이 있는 집, ㄷ자형 집	1.36배
자택을 멋지게	디자이너 단독주택, 거실을 멋지게	2.07배
실내도 실외처럼 기분 나게	공기 순환, 이너 테라스, 이너 발코니	1.45배

- 출처: 야후저팬

정(1.36배), 테라스·발코니(1.45배)도 자주 검색됐다(일본, 야후저팬).

그렇다면 역세권은 어떨까. 역세권은 선호와 집값을 가르는 중대 변수다. 직주 공간 이탈이 통근 시간을 단축하고자 하는 욕구로 체화된 결과다. '교통 편리⇒가격 상승'은 진리처럼 받아들여진다. 특히 축적 자산이 적고 만혼·비혼 1인화를 이끄는 MZ세대는 도심 한복판 역세권의 소형 평형을 선호한다. 값비싼 아파트가 아니더라도 통근 피로를 덜어주고 편의 시설을 이용하기 편한 오피스텔을 염두에 둔다.

역세권이라 해서 나 홀로 고공 행진을 펼칠 수 없다. 역세권 선호 가치는 희석되는 와중에 교외권의 정비는 강화되고 있기 때문이다. 일하는 방식이 자유로워지는 데다 광역 교통 등으로 직주 시간이 단축되면서 교외권 선호도 늘고 있다. 아직 일반적이지 않지만, 재택근무와 거점 사무실 출퇴근도 늘어나는 추세다. 군이 비싼 돈을 쓰며 도심이나 역세권을 고집할 이유가 줄어드는 것이다.

일본 상황도 비슷하다. 집을 둘러싼 공간 선호도가 달라지고 있다. 인구 변화에 따른 가족 단절과 코로나19에 따른 거주 공간의 인식 변화 때문이다. 주지하듯 예전에는 거주 입지로 도심과 역세권을 선호했다. 물론 이는 지금도 적용되나, 매일 출근하는 사람이 줄면서 상황은 미묘하게 변화했다. 정리하면 '安(값은 싸고)·近(직장과 가깝고)·短(작은 공간)'에서 '安(값은 싸고)·遠(직장과 멀어도)·廣(넓은 공간)'으로의 변화다.

2020년 5월 설문 조사(리크루트주택컴퍼니)를 보면 이런 현상이 뚜렷해진다. 수도권 주택을 구입할 때 중요하게 여기는 항목으로 넓이 52%, 역세권 30%로 조사됐으나, 1년 전에는 각각 42%, 40%로 꽤 달랐다. 크기는 넓어졌고 역세권 선호는 줄어든 셈이다. 통근 시간이 대중교통으로 30분을 넘겨도 좋다는 응답은 34%에서 44%로 늘었다. 재택근무로 교통보다 집이 더 중요해진 것이다.

● 코로나19 후 달라진 공간 선호도

같은 맥락에서 집합 주택에서 단독주택으로 기호가 달라진 것도 엿보인다. 넓은 집을 선호하기 시작했다는 얘기다. 앞서 언급한 설문 조사에서 단독 선호는 1년 만에 56%에서 63%로 늘었다. 반대로 아파트(맨션)는 32%에서 22%로 줄었다. 단독주택 선호도가 높아진 것은 역시 확대된 재택근무와 집 안에서의 활동 증가 탓이 크다.

그럼에도 현실은 좁고 답답하다. 조사를 보면 재택 중 근무 공간

1순위는 거실(55.3%)이 압도적이다. 의외로 서재(23.2%)보다 2배 이상 많다. 토끼집이란 별명처럼 기본적으로 규모가 작은 탓이다. 그 때문에 재택근무지로 자동차(1%), 욕실(1%), 화장실(0.8%)까지 거론된다(미사와홈종합연구소). 당연히 거실에서는 일하기 어렵다. 가족이 오가는 등 방해 요소가 적지 않기 때문이다. 반면 단독주택은 근무 공간을 확보하기가 쉽다. 신축 아파트 전용면적이 평균 68m²인 데 비해 단독주택은 100m²에 달한다는 사실이 이를 말해준다. 리모델링도 어렵지 않다.

결과적으로 공고했던 도심 선호 현상도 달라질 수 있다. 서울을 필두로 한 도심 입지는 사실상 내 집 마련의 준거점이었다. 값비싼 서울살이의 살인적 거주 조건이 1,000만 인구를 깼지만, 서울 선호는 건재할뿐더러 더 강화된다. 인구가 줄어드는데도 집값은 뛰는 아이러니한 공간이다. 세대 분화의 실수요와 증여 욕구의 가수요가 맞물린 결과다. 서울 특유의 희소성이 가격에 전가된 셈이다.

앞으로는 어떨까. 내릴 변수만큼 오를 항목도 많아 예단은 어렵다. 무엇보다 서울이 일자리를 독점한 것이 관건이다. 직업으로 묶인 상태에서 주거로 떠나기란 힘들다. 도쿄를 봐도 섣부른 판단이다. 복합 불황 20년에도 도쿄 중심의 하방 경직성(당연히 떨어져야 할 가격이 떨어지지 않는 경향)은 컸다.

그럼에도 서울을 벗어나는 것이 대세다. 근교는 대안 공간이다. 넓게는 '값싸고 직장과 멀지만 넓은 집'으로라는 트렌드를 실험할 최적지다. 일본도 도심보다 교외로 눈을 돌리는 수요가 많다. 2020년

부동산 시장을 주도한 것은 신축·근교 물건이다. 수도권 신축 맨션 판매는 3,358호로 전년 동월 대비 67.3% 늘었다(2020년 10월). 호당 가격은 6,130만 엔으로 1년 만에 138만 엔 뛰었다. 비싸졌지만 계약률은 70.4%로 호황선(70%)을 넘었다.

교외 물건도 호조세다. 수도권 사이타마의 판매 건수는 전년보다 3.1배 늘었다(일본 부동산경제연구소). 중고 수요인 재고 물건은 11개월 연속 줄었고, 판매는 전년 동월 대비 31.2% 늘었다. 저렴한 중고 주택을 리폼·리모델링하려는 수요다. 이런 현상은 코로나19로 본격화된 새로운 흐름이다. 인구 변화가 묵직한 어퍼컷이라면 팬데믹은 날선 잽으로 집의 재구성을 예고한다.

그림 18 일본의 공시지가 장기 추이

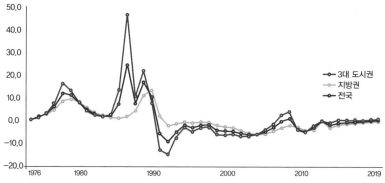

- 출처: 국토교통성

'직주 일체 → 직주 분리'형
다거점 생활 트렌드

직장보다는 직업이 중시되는 시대다. 회사가 미래를 책임져주던 때는 지나갔다. 대전제인 고성장이 끝난 까닭이다. 기업은 냉엄해진 시대 변화를 받아들였다. 호시절에 형성된 고용·임금 구조를 바꿨다. 이로써 '고용하면 비용이 든다'는 경영관은 급속히 확대된다.

잉여 고용은 없다. 실적이 나빠도 미래 수주를 감안해 해고 없이 품어 안던 분위기는 사라졌다. 전성기에는 10%의 잉여 고용(사내 실업)도 봐줬다지만, 더는 아니다. 성과 없는 고용은 없다. 그 결과 비정규직 전성시대가 열렸다. 영리해진 MZ세대는 '회사형 인간=평생 고용'의 주술을 거부한다.

직업과 주거는 불가분의 관계다. '직주'라는 말은 그래서 나왔다. 직주 일체는 전통 모델의 핵심이다. 농경 사회에서 일과 집은 분리되지 않았다. 도보 생활권은 상식이자 표준이었다. 산업혁명은 이 모델을 뒤흔들었다. 물류와 비용을 감안한 외부 공간에 대형 공장을 지어 노동을 투입했다. 인류 최초의 직주 분리였다.

투입 대비 효과의 합리·효율성은 이후 250년간 자본주의를 지배했다. 달도 차면 기울게 마련이듯 직주 분리의 부작용은 반발과 저항으로 연결됐다. '일'이 먼저고 '집'은 후순위니 집에서 펼쳐져야 할 다양한 이벤트와 생활이 왜곡되었다. 후속 세대의 출산 파업이 대표적이다. 먹고살기도 힘든데 자녀까지 낳고 기르라는 과제는 수행하기 어렵다. 워라밸(Work & Life Balance)이 떠오른 것도 직주 분리의 공간·시간적 괴리 축소를 위한 시도다.

◑◑ 직주 분리의 공간과 시간 괴리, 어떻게 줄일까

한국은 직주 분리에서 선두를 달리고 있다. 압축 성장을 상징하는 국가답게 단기간에 직주 분리가 이루어졌다. 즉 직장은 서울에 있지만, 집은 수도권에 몰린 경우가 적잖다. 12%의 수도권이 52%의 인구밀집도를 보이는 이유다. 당연히 삶의 질은 떨어진다. 출퇴근에 못해도 1~2시간을 쓰면 생활수준은 악화된다. 아니면 고공 행진을 하는 서울 집을 영끌 매수하는 방법뿐이다.

따라서 상대적 약자인 후속 세대일수록 선택지는 없다. 반면 이들은 단군 이래 가장 뛰어난 판단력을 갖추었다. 고학력과 저성장의 만남은 새로운 라이프스타일을 완성한다. 가족을 위한 희생보다 자기만족, 회사의 미래보다 본인의 장래, 인생의 표준 모델보다 자신의 현실 생활을 중시한다. 직주 일체를 갈망하나 어쩔 수 없이 직주 분리를 받아들이고, 대신 그 안에서 작지만 중요한 자기만족을 위해 일과 집을 재구성한다.

코로나19는 직주 분리의 삶을 위한 새로운 용기와 경험을 안겨 줬다. 거리 두기가 낳은 재택근무는 직장을 재해석하는 계기로 작용했다. 반드시 출퇴근하지 않고도 집에서 일할 수 있다는 걸 확인했을 뿐더러 통근에 시간을 낭비할 필요가 없다는 걸 깨우쳐줬다.

회사도 마찬가지다. 끈끈한 회사 내 관계가 성과를 달성하는 데 필수라는 인식을 깼다. MZ세대는 이를 한층 절감했다. 회사와의 거리 두기 경험이 직장의 의미를 재검토하게 만든 계기가 됐다. '회사 ≠미래'라는 생각을 확신시켜준 기회였다. 그렇다면 집을 향한 입지적 욕망은 변한다. 직주 일체가 아닌 직주 분리가 새로운 삶의 트렌드일 수 있다는 가능성을 깨달은 것이다.

일과 집의 일체·근접화는 상시 통근이 전제된다. 반대로 출퇴근이 자유롭다면 직주 일체는 설득력이 떨어진다. 이에 따라 직장 근처 값비싼 집이 갖는 유인책이 감소한다. 평생직장의 개념이 갈수록 희박해진다면 직주 분리는 MZ세대뿐 아니라 전체 세대를 아우르고, 폭넓어진 직업과 다양해진 고용 형태와도 연결될 것이다. 즉 출퇴근형 일자리가 줄어들 가능성을 일컫는다. 불가피하게 이루어진 직주 분리가 역설적이게도 미래의 강력한 트렌드로 안착될 수 있어서다.

실제 일은 시나브로 변한다. 인식도 역할도 시대 변화에 맞춰 수정된다. 앞으로의 일은 유동화될 확률이 높다. 특정 시공간을 구성원이 모두 공유하는 집단 근로는 줄어들 전망이다. 코로나19로 재택화를 실험했고, IT와 인터넷으로 공간성을 추월했다.

　이는 긱(gig, 프리랜서나 독립 계약자, 임시직 등 비정규 근로 형태를 이르는 말) 이코노미의 출현으로 연결된다. 비대면과 디지털이 키워낸 긱 워커는 증가세를 보이고 있다. 프리랜서 시장 규모는 계속해 성장세를 보인다. 2019년 기준 360만~400만 명에 달한다는 추산결과가 있다(한국노동연구원). 중간값인 380만 명으로 추정하면 2020년 경제활동인구의 13.6%에 해당된다. 투잡에 N잡러까지 포함할 경우 1,000만 명을 넘길 전망이다. 코로나19가 창궐하기 이전 통계라 지금은 더 늘었을 수 있다. 공식적인 부업도 47만여 명(2019년)으로 통계 작성(2003년) 이후 최대치다.

● 직주 일체 욕망 속 직주 분리 정합성도 갈수록 커져

다니엘 핑크가 말한 '프리 에이전트 시대'는 현실이 됐다. 조직에서 벗어나 시공간을 마음대로 설정해 일하고 돈 버는 직업인이 등장한 것이다. 그간 전문 영역이었으나, 플랫폼의 다양화로 시장 창출이 확대되었다. '부캐'가 '본캐'가 되는 경우도 증가하고 있다. 활발해진 아웃소싱은 프리랜서가 노동의 미래라는 예견에 힘을 싣는다. 실제 맥킨지는 미국 노동인구 중 긱 워커가 2025년 18.5%까지 늘어날 것으로 본다.

　워라밸을 중시하는 MZ세대는 비정형적 일을 선호할 수밖에 없다. 2019년 신규 취업 인구의 9%가 이런 일자리(프리랜서+1인 창업)다.

취업보다 '창직'으로 방향을 선회했다는 얘기다. 디지털에 익숙한 포노 사피엔스에게 중요한 건 어디서 일하느냐보다 무슨 일을 하느냐로 요약된다. 이때 일의 변화는 외부적 고용 실종에 맞선 자체적 고용 혁명에 가깝다.

일은 삶과 집을 뒤바꾼다. 원하지만 실현하기 어려운 직주 일체는 재검토된다. 떠오르는 건 달라진 일과 삶을 위한 집의 재조명이다. 성공을 가늠하는 잣대였던 직주 일체(근접)보다 직주 분리형 거주 공간이 부각되는 것이다.

최근 새롭게 실험 중인 '다거점 생활'이 대표적이다. 일본에서 제기된 새로운 주거 트렌드로 직주 분리의 절충형이다. 생활 거점을 복수로 둔 라이프스타일이다. 2011년 지진 재해 이후 일종의 대피처로 주목받았는데, 지금은 개념과 형태가 세분화된다. 코로나19와 디지털화와 맞물려 단순한 5도2촌(일주일 중 5일은 도시, 2일은 농촌에서 머무는 것)을 넘어 장소에 덜 구애받는 일까지 포괄한다. 《다거점 생활 추천》 등 관련 서적은 베스트셀러에 올랐다. 인구 감소·지역 소멸 위기에 빠진 지자체의 러브 콜도 잇따른다.

NHK는 최근 새로운 삶의 형태로 다거점 생활을 다룬 방송을 내보냈다. 재택근무가 늘며 다거점 생활 플랫폼(ADDress) 신규 이용자가 10개월 새 5배 늘어난 사례를 소개했다(2020년). 집은 직장과 가까워야 한다는 상식을 깬 흐름에 주목한 결과다. 월 4만~5만 엔의 비용으로 디지털 유목민을 실현한 이들을 다루며 관심을 끌었다. 대개 자유롭게 살려는 의지를 행동에 옮긴 독신주의 MZ세대가 많다. 일과

그림 19 일본의 다거점 생활자 직업 및 직장 분포

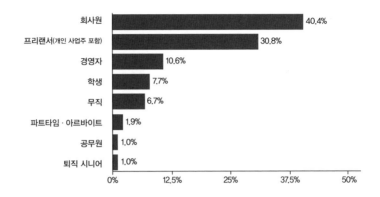

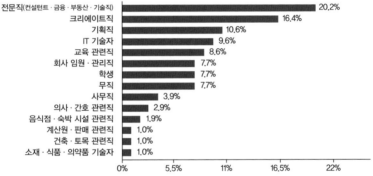

- 출처: ADDress, 《다거점 생활 이용 실태 보고서》, 2021

관계에 거리를 두고 싶거나 무소유 혹은 미니멀 라이프를 원하는 가치관도 한몫했다. 일부 회사는 수용적이다. 한적한 시골의 위성 사무실과 전국망 거점 오피스로 다거점 생활을 거든다.

다거점 생활은 직주 분리를 구체화한다. 관련 장은 성장세다. 주택을 구독 경제화해 그때그때 원하는 지역과 형태를 제안한다. 단독

주택부터 셰어 하우스까지 선택지는 많다. 다거점 생활로 새로운 경험과 일거리가 연결되며 빈집 문제도 일정 부분 해결된다.

물론 단점도 있다. 고정된 주거 공간 없는 다거점 생활은 이동 비용과 수고가 요구된다. 가족을 동반한다면 특히 힘들다. 공공 서비스를 제때 제공받기도 어렵다. 그럼에도 다거점 생활은 길게 보면 새로운 보완 모델로 제격이다. 직주 일치의 욕망에서 벗어나 새로운 일과 달라진 집을 매칭할 수 있다. 직(職)보다 업(業)이 부각되는 한 직주 분리는 심화될 수밖에 없어서다.

'함께는 No, 근처는 Yes' 느슨한 연대를 원하는 주거 스타일

상식이 무너지는 시대인 요즘 고정관념은 설 땅을 잃었다. 정확히는 사람들의 인식이 달라졌다. 거기에 코로나19가 익숙한 생각과 행동을 바꾸었다. 인구(사람)가 변했는데 풍경이 같을 리 없다. 인구 변화는 연령 구조의 양적 변화만큼 일상생활의 질적 전환을 동반한다. 후속 세대의 달라진 결혼·출산관이 불붙인 가족 구성의 재검토가 대표적 사례다.

현대 가족은 진화한다. 가족 해체의 원심력과 가족 연대의 구심력이 부딪히며 공존한다. 정확히는 가족 해체가 일반적이지만 그에 맞선 반발 기제로 가족 연대의 새로운 실험이 이루어진다. 둘은 상반되는 논리지만, 상황 압박에 따른 생존법이라는 건 닮았다.

단 결과는 다르다. 가족 해체는 출산 기피에 따른 인구 감소를 낳는다. 반면 가족 연대는 출산 지원을 바탕으로 한 가족 전략을 뜻한다. 주목할 만한 것은 '결혼 → 출산 → 양육'으로 커진 기존 가족과의 연대 강화다. 분화한 청년 세대(2차 가족)의 열악한 양육 한계를 양가 부모(1차 가족)가 도와주는 혈연적 협력 체계가 구축된 것이다. 이는 현대판 대가족주의라 할 수 있다.

● 함께 사는 갈등보다 '따로 또 같이'의 호혜 원조형

이를 뒷받침하는 사례는 많다. 결혼과 함께 분가했지만 이후 자녀 출산을 계기로 부모와 함께 살거나 근처로 이사하는 경우다. 맞벌이로 시간 여유가 없고 지갑 사정이 좋지 않아 양육에 많은 비용을 지출하기 어려운 젊은 부부가 많다. 부모의 도움이 없다면 양육은커녕 출산조차 힘들다. 양육할 경제력이 있어도 믿고 맡길 만한 보육 시설을 찾는 게 만만찮다. 어렵게 결혼과 출산을 택했음에도 자녀 양육이 가시밭길이면 자녀를 낳지 않는 트렌드는 자의가 아닌 압박에 가깝다. 그렇다면 가족 연대는 인구 감소를 막을 유력한 대안이라 할 수 있다.

가족 연대의 대가족화는 생활 방식을 바꾼다. 당장은 집부터, 달라진 욕구에 맞는 구조와 입지가 선호된다. 상호 간 연대는 물리적 거리와 직결되는 탓이다. 가족 연대를 강화해줄 새로운 주거 스타일이 등장한 셈이다.

현대판 가족 연대는 동거(同居)보다 근거(近居)가 유력하다. 분화한 2차 가족의 프라이버시는 물론 부모 세대 중 상당수도 동거를 꺼린다. 함께 살면서 갈등을 겪기보다 분리되면서 누리는 호혜를 선택하는 것이다. 방을 통한 제한적 세대 분리에서 집을 나눈 원천적 거주 분리가 욕구에 부합한다. 공동 양육을 위해 뭉치는 대가족의 달라진 눈높이가 만들어낸 새로운 주거 모델이다.

인구 감소와 양육 한계를 이겨낼 모델로 근거 스타일이 안착한 선행 사례는 이웃 나라 일본에서 찾을 수 있다. 한국보다 앞서 인구병·저성장·재정난의 삼중고가 지배한 사회답게 스스로 잘 버티려는 몸부림이 트렌드로 정착했다. 2000년대부터 본격화된 3세대형 근거 주거가 확산세를 보이고 있다. 메리트는 키우고 핸디캡은 없애 자녀는 부모의 육아 지원을 통해 워라밸을 실현하고, 은퇴한 부모는 손주 세대와 교류하며 그들의 삶에 녹아들 뿐 아니라 본인의 생활 편리도 향상된다. 개별 세대의 생활 리듬도 유지된다. 현역 세대는 라이프스타일의 변화 폭이 크고 한창 일할 때라 고령 부모와의 동거는 스트레스인 까닭이다. 근거 스타일은 노후 복지와 육아 복지 모두를 실현한 아이디어인 셈이다.

●● 세대 불문 모두가 원하는 근거 스타일 주거 확산

관건은 근거를 판단할 기준점이다. 일본 정부의 공식 정의에 따르면 '주거는 다르나 일상적으로 왕래할 수 있는 범위에 사는 것'을 뜻한다. 종류는 크게 부모·자녀의 2세대형과 부모·자녀·손주의 3세대형으로 구분된다. 결혼 후 분가한 자녀가 출산을 계기로 부모 집 근처로 옮겨 오거나, 반대로 고령 부모가 자녀의 집 인근으로 이사하는 경우가 많다.

그렇다면 근처는 어디까지를 말하는지 궁금해진다. 즉 '따로 또 같이'의 물리적 거리감 문제다. 가까이 산다는 것은 대개 교통수단(자전거·자가용·공공 교통)이 전제된 30분 안팎으로 정리된다. 도보로는 1시간까지 포괄한다. 서로 왕래하기 쉽지만, 일정 부분 거리감이 보장된 절충적인 범위다. 당연히 함께 식사하는 기회가 많아져 '국이 식지 않는 거리'라는 기준도 먹힌다.

유력한 건 15분 정도다. 15분 거리면 따뜻한 밥을 함께 먹을 수 있다는 이유다. 한편 근거보다 짧은 거리감은 인거(隣居)라 부른다. 같은 동이나 단지에 사는 경우다. 인거는 단독주택일 때 훗날 이를 쪼개 별도 건물로 나눠 살 수 있어 매력적이다.

이러한 주거 방식에 대한 선호도는 근거가 트렌드로 안착하기 시작한 시기 일본의 인구통계로 확인할 수 있다. 잘 알다시피 고령 부모·기혼 자녀의 동거 비율은 급감했다. 1980년 52.5%에서 2016년 11.4%로 줄었다(국민생활기초조사). 또 다른 조사에서는 1997년 동거(31.3%), 별거(34.2%), 근거(26.7%)였던 게 2015년 각각 18.7%, 33.2%, 42.9%로 늘었다(출생동향기본조사). 즉 별거는 큰 차이가 없으나, 동거 감소·근거 증가는 뚜렷한 트렌드다. 근거는 자녀의 주도에 따른 것으로 추정되나, 실은 부모 의향도 반영된다. 고령자의 근거 의향도 높은데, 1993년 20.7%에서 2018년 28.3%로 높아졌다. 근거 중에서도 도보 5분 정도(11.0% → 6.6%)는 낮아진 반면 편도 15분~1시간(7.9% → 14.7%)은 높아졌다(주택생활종합조사).

같은 맥락에서 독립형 분리 주택의 만족도는 93.7%인데 일체형 동거 주택은 66.3%로 낮다(2018·헤벨하우스 조사). 재미난 통계도 있다. 2013년 자료로 친가보다 외가에서 가까운 곳에 사는 비율이 더 높다는 것이다. 친가 부모(14.5%)보다 외가 부모(17.3%)와의 근거가 다소 많다(내각부). 반면 조부모 성별로 근거 희망을 쪼개면 결과는 또 엇갈린다. 60대 남성은 12.4%인 데 비해 여성은 25.4%다(2015·국민생활여론조사). 결국 모든 통계의 방향은 근거 선호로 요약된다.

그림 20 부모 세대의 3세대형 근거 선호 연령별 선호도

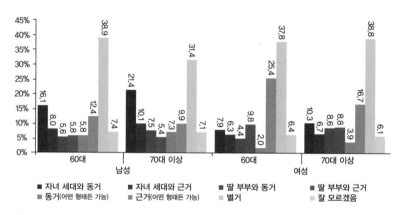

- 출처: 일본 국민생활여론조사(2015)

● 일본의 사례에서 보는 실태

그렇다면 한국은 어떨까. 이미 근거는 널리 퍼져 있다. 양육 지원의 최후 버팀목이자 핵심 안전판으로 부모를 소환하는 것은 일상다반사다. 반면 정책 지원은커녕 실태 조사조차 변변찮다. 일본의 사례를 면밀히 살펴봐야 할 이유다. 일본에서는 근거, 즉 '딱 좋은 거리감으로 나눠 사는 삶'은 향후 핵심적인 주거 형태가 될 것으로 내다본다. 이는 인구 정책의 지향점인 출산 문제와도 직결된다. 자녀를 기르기 쉬운 환경으로 손쉽게 정비하는 수단으로 손색없다. 근거를 위한 보조금을 주는 지자체도 증가세다. 도쿄 스미다구에서는 직선거리 1km 이내 근거일 때 신축 주택 50만 엔, 중고 주택 30만 엔의 보조금을 제공한다.

근거를 지원하기 위한 할인 제도도 곳곳에서 실시하고 있다. 공공 임대주택을 취급하는 일본 UR도시기구는 근거 할인을 제도화했다. 부모·자녀 세대가 같은 단지나 2km 이내 임대주택에 살 때는 물론, 두 집 중 한 집이 신규 입주하면 임대료의 5%를 깎아준다. 양육 세대는 미성년자 자녀(임신 포함)가 있고, 부모 세대는 60세를 넘기면 해당된다. 중개 수수료·갱신료·사례금 없이 주택을 소개해주는 도쿄도 주택공급공사도 근거 희망자에게 비슷한 인센티브를 제공한다. 안심 등록 제도를 만들어 근거 수요자를 우선 소개해주는 제도다. 근거 기준도 확대해 2km에서 5km까지 대상을 넓혔다.

그림 21 일본의 3세대형 동거·근거·별거 추이

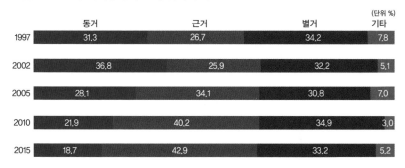

	동거	근거	별거	(단위 %) 기타
1997	31.3	26.7	34.2	7.8
2002	36.8	25.9	32.2	5.1
2005	28.1	34.1	30.8	7.0
2010	21.9	40.2	34.9	3.0
2015	18.7	42.9	33.2	5.2

- 출처: 일본 국립사회보장인구문제연구소(출생동향기본조사, 2018)

집의 미래 모델,
'대가족을 품는 공간의 힘'

미래의 집은 어떤 모습일까. 분석 잣대와 적용 시점별로 정리해보면 지금의 집과는 꽤 다른 모습이리라고 예측할 수 있다. 사람이 바뀌니 공간이 변하는 건 당연한 일이다. 즉 저출산과 고령화로 인구 양태가 달라졌다. 또 구매력과 가치관은 선호 수요를 바꾼다. 결국 인구 변화에 따라 집이 재구성된다는 뜻이다. 단기간에 아파트가 한국의 표준 주거 모델이 됐듯 미래의 집과 관련한 욕구 변화도 곧 삶을 지배할 것이다.

'인구 감소 → 욕구 및 선호 가치 변화 → 수요 확인 → 가격 반영 → 공급 전환'이라는 변화는 이미 시작되었다. 주된 소비 스타일을 규정할 달라진 인구의 새로운 선호는 집의 재검토로 연결될 수밖에 없다. 집의 다양한 의미와 기능을 볼 때 관련된 사업 모델은 선제적이되 정밀한 대응이 시급하다.

욕구가 선호를, 수요가 가격을 정하는 건 시장의 기본 원리다. 인구 변화를 통해 미래 기회를 읽으려면 사람들의 욕구를 분석해야 한다. 소비자인 고객의 양적·질적 변화가 BM의 성패를 쥘 수밖에 없다. 집은 그 선두권에 선 필수 소비재다. 절대 놓칠 수 없는 미래 퍼즐의 첫 조각이다. 그렇지만 집은 가장 묵직한 내구 소비재로 연한도 길고 가격도 높아 인생에서 1~2회 구매하는 것조차 부담스러운 품목이다.

● '월세 → 전세 → 자가', '소형 → 대형'의 위협을 받는 주거 미션

그렇다면 구매 결정은 언제 할까. 당연히 '필요할 때'다. 즉 '취업 → 결혼 → 육아 → 독립'의 생애 이벤트와 맞물린다. 가족 결성과 독립이 주요 변수인 셈이다. '월세 → 전세 → 자가'와 '소형 → 대형'의 연결처럼 연령과 소득에 비례해 공간을 선택하는 것이 일반적이다. 즉 가족 변화가 신규 수요든 교체 수요든 결정한다. 투자용이나 가수요도 자녀에 대한 상속과 증여 욕구를 볼 때 가족 변수와 직결된다. 또 가족 변화는 양적·질적 인구 변화로 확인된다. 저성장·고학력·가치관이 뒤섞여 '인구 변화 → 가족 변화'를 이끌어낸다. 인구 변화를 바탕으로 집의 미래를 점치는 주된 이유다.

인구 변화에 대해서는 겉(양)과 속(질)을 모두 살펴봐야 한다. 단순한 양적 감소만큼 복잡한 질적 변화가 확인된 한국 사회에선 더 그렇다. 집은 비싼 구매 대상이다. 거기에 시세 차익까지 노린다면 특히 주도면밀한 수급 분석이 중요하다. 그 때문에 단순한 인구 감소에 따른 집값 변동론은 단편적이고 제한적이다. 겉만 봐서는 판단 근거로 부족하다. 인구 감소에도 1인 가구 수요가 집값을 떠받칠 것이란 해석처럼 한 꺼풀 벗겨낸 정밀 통계가 요구된다. 이마저 구매력이란 힘센 결정 변수를 뺀 추정이다. 하물며 달라진 인구의 새로운 취향과 가치까지 반영된 질적 욕구를 읽는다는 건 매우 어려운 과제가 아닐 수 없다.

물론 불가능하진 않다. 정답은 아니나 힌트는 있다. 집을 수급 논쟁(겉)이 아닌 거주 환경(질)으로 보면 선호도가 달라졌다는 것을 확인할 수 있다. 이를 확인할 상반된 키워드가 1인화에 최적화된 싱글 사회, 세를 확장 중인 대가족화다.

싱글 사회에서는 독신 거주가 대세다. 900만 1인 가구는 주택 시장의 관심사로 떠올랐다. 반면 결혼 포기와 출산 거부라는 요즘 트렌드를 볼 때 대가족화는 낯설다. 그런데 과연 그럴까. 뜯어보면 대가족화를 뒷받침하는 증거가 많다.

먼저 비혼화다. 50세까지 결혼하지 않으면 생애 미혼으로 집계된다. 연령대별 '미혼 → 비혼'의 자연스러운 흐름이다. 한국은 남녀 각각 10.9%·5% 수준이다(2015년). 아직은 소수이나, 갈수록 증가세가 커지고 있다. 2025년이면 남녀 각각 20.7%·12.3%로 상승한다. 2035년엔 29.3%·19.5%로 불어난다. 10년 터울로 10%p씩 증가세를 보인다. 그만큼 비혼 인구가 많아진다.

'나 홀로' 트렌드를 흡수한 MZ세대가 나이를 먹으면 결혼하지 않은 중년 세대수는 정점을 찍는다. 젊을 때는 분가 생활을 선호한다. 부모도 경제력이 되는 한 따로 생활하는 것을 좋아하기 때문이다. 골드 싱글이란 표현처럼 부유한 미혼도 많아 단신 거주파에 힘을 싣는다.

●● 중년 이후 부모와의 동거

문제는 중년 이후부터다. 자녀 문제는 없지만, 중년 특유의 직장 갈등과 부모 봉양이 중첩된다. 고독사 등 본인의 미래에 대한 불안감도 덧대진다. 나 홀로 삶에 그림자가 드리우는 셈이다. 이때 유력한 대안이 은퇴 부모와의 합가다. '부모+비혼 자녀'의 살림 합치기다. 혹은 처음부터 함께 살며 '고령 부모+중년 자녀'의 2세대 모델을 유지할 수도 있다. '부모+자녀+손주'의 전통 대가족과는 다르나, 급속한 가족 분화를 볼 때 현대판 대가족으로 봐도 손색없다.

일부지만 '부모+(기혼 자녀+비혼 자녀)+손주'의 합가 모델도 있다. 15분 거리에 살며 양육과 봉양을 하는 기혼 자녀에 의한 근거와는 구분된다. 근거는 자녀의 결혼을 계기로 가족이 분화되었을 때 유효하다. 비혼 싱글 자녀와의 근거도 있지만, 대부분은 일시·조건적이다. 타인인 2차 가족의 배우자(사위·며느리)처럼 독립 거주의 장점이 부각되지도 않는다. 핏줄의 공감력과 저비용이라는 장점을 보건대 비혼 싱글 자녀와의 동거는 꽤 합리적이다.

일본에서는 부모 의존형 독신 자녀를 '패러사이트(parasite) 싱글'로 부른다. 기생한다는 나쁜 의미다. 자녀의 낮은 독립심과 부모의 넉넉한 지갑, 거세진 경쟁 구도가 맞물린 결과다. 이들이 나이를 먹으며 중년 캥거루족이 된다. 35~44세 5명 중 1명이 중년 캥거루란 통계도 있다. 영국(Kippers), 캐나다(Boomerang Kids), 프랑스(Tanguy), 호주(Mama Hotel) 등에도 비슷한 유형이 있다.

그러나 나쁘게만 볼 일은 아니다. 스크럼(Scrum)족처럼 주거비와 생활비를 절감하기 위한 대가족화도 포함된다. 경제적으로 넉넉하고 학력이 높을수록 분가 후 독립하거나 애초부터 동거를 택하는 경향이 크다.

문제는 경향성인데, 더 확산될 여지가 크다. 독립과 분가에 익숙한 서구와는 다른 한국 특유의 양육 방식 탓이다. 미국의 NBC는 부모와 함께 사는 한국 자녀의 비독립 현상을 다뤄 화제를 모았다. 30대 54%, 40~44세 44.1%란 통계청 자료를 인용했다(2021년). 더불어 캥거루족으로 살면 부모 봉양, 금전 절약, 가사 편리, 대화 횟수 등의 장점을 누릴 수 있다고 밝혀 집값과 실업 등 경제 이슈만의 문제는 아니라고 분석했다.

● 2.5세대 대가족 거주 스타일 유행

세대 동거형 대가족화가 추세라면 이들의 욕구에 부응한 공간 제안은 자연스러운 관심사다. 결혼과 출산을 계기로 가족이 분화하면서 전형적인 주택 수요에 변화 조짐이 일어날 수 있어서다. 신혼살림이 주택 수요의 대부분을 이뤘다면 앞으로는 다양화될 수밖에 없다. 1인 가구를 타깃으로 삼은 맞춤식 공간 제안처럼 평생 비혼자나 캥거루족을 염두에 둔 주거 형태도 고려 대상이다. 아파트공화국답게 판박이처럼 찍어내는 표준 공급형의 경직된 설계관에서 벗어나 달라진 인구의 새로운 욕구에 충실히 대응하는 노력이 필요하다.

한 예로 일본에는 '2.5세대 주택'이란 게 있다. 아사히카세이란 건설업체가 제안한 세대 융합적 다세대주택을 뜻한다. '부모+자녀(손주)'의 2세대형 직계 모델에 결혼하지 않은 형제자매(0.5세대)가 동거하는 스타일이다.

이는 나이를 먹어도 함께 살기를 원하는 미혼 자녀의 욕구를 반영한 것이다. 현관 등 전용 공간과 공유 공간을 적절히 나누어 갈등은 축소하고 관계는 강화했다. 2013년 최초로 제안했을 당시 37세의 독신 커리어 우먼을 타깃으로 했다. 일과 거주를 동시에 해결할 수 있는 것은 물론 부모·자녀의 공생에 주목해 화제를 모았다.

달라진 인구는 새로운 현상을 낳는다. 의식주의 생존 전략부터 가치관의 사고 판단까지 새로운 삶은 곳곳에 투영되며 힘을 얻는다. 이는 집에도 커다란 영향을 미쳤다. 필수적인 생활 기반이자 경제적인 자산 가치를 중첩시킨 공동 공간인 까닭에 집에 대한 재검토는 그만큼 큰 파장을 불러올 수밖에 없다. 보유 자원이 한정적일수록 공간 선택은 더 신중해진다. 가까이 다가온 싱글 사회화는 충격적인 인구 변화의 결과물이다.

그 반동으로 비롯된 대가족화도 확산세를 보인다. 새로운 기회는 늘 가려진 채 다가선다. 싱글 세대 주택 공급만큼 대가족화에 맞는 수요 반영도 필요하다. 아직은 수면 아래 있지만, 대가족화는 주거 공간의 질적 변용을 선점할 새로운 경향 중 하나다. 많은 게 달라졌고 또 달라질 터다. 그런 만큼 집의 미래를 가늠할 새로운 경향에 대한 관심이 필요하다.

대간병 사회 개막,
'마지막에 누울 집은 어디에?'

집만큼 복잡다단한 이슈도 없다. 누구든 원하나 아무나 갖기란 쉽지 않은 일이다. 그럼으로써 집은 재산이나 상품이 되었다. 결정판인 아파트는 집이 아닌 돈으로 규정된다. "몇 살이냐"만큼 "어디 사냐"가 상대를 평가하는 잣대가 된다. 부동산 불패 행진이 여기에 불을 지폈다. 이러한 굳은 믿음은 광기에 가까운 부동산 구매욕을 불러일으켰다.

이로써 홈(home)은 없고 하우스(house)만 남는다. 보금자리가 아닌 자산 증식 수단일 뿐이다. 핸디캡을 지닌 청년은 정착에서 유목으로 눈을 돌린다. 누구의 실수도 아니나 모두의 잘못이다. 수급을 넘은 삶의 논리를 애원하지만 이는 헛된 기대다. 마지막 순간에 누울 집은 생각하지 않고 눈앞의 차익만 계산하면 곤란하다. 초고령화에 따른 간병 사회의 도래는 집에 대해 재검토하라고 진지하게 요구한다. 노화에 적절히 대응할 수 있는 집을 위한 신중한 고민이 그렇다.

일할 때는 이리저리 옮겨 다닐지언정 은퇴한 이후라면 그러기 힘들다. 차익도 평판도 좋지만, 나이 든 신체와 맞지 않으면 무용지물이다. 따라서 인생 최후의 집에 대한 판단 기준이 달라진다. 그간 나이 들어 어디서 살지는 집을 선택하는 기준이 아니었다. '얼마나 오를까'가 판단 기준의 전부였다.

그러나 더 이상은 아니다. 초고령사회를 목전에 둔 만큼 '비싼 집=좋은 집'이라는 등식은 의문부호와 맞닥뜨린다. 노화에 맞는 맞춤 공간이 중요해진다. 질병과 노환 등 각종 신체 한계가 불거질수록 집은 불편하고 불안해진다. 간병을 받아야 할 필요성이 커지면 특히 그렇다. 도의적이든 금전적이든 재택 간병은 노후에 문제의 불씨로 작용한다. 많은 이가 자신의 집에서 최후를 맞고 싶어 하지만 현실은 냉혹하다.

병원이나 시설에서 머무는 것은 만족도가 낮다. 실제 거동이 불편해도 집에서 간병 관련 재가 서비스를 받으며 살고 싶다(56.5%)는 의견이 기타 항목인 요양 시설(31.3%), 가족 합가·근거 거주(12.1%)보다 많다(2020년 노인 실태 조사). 과거보다 교육 수준·자립 의식·금전 상황이 개선됐고, 가족에게 폐를 끼치기 싫다는 생각을 감안한 욕구로 해석된다.

◐● 간병을 염두에 둔 노후 거처 욕구 변화

한국 사회의 역동성은 가히 놀랍다. 노후 관련 이슈도 그렇다. 맞교환 됐던 '자녀 양육 vs 부모 봉양'은 희박해졌다. 그 대신 부모 합가 위주에서 자녀 분가로의 이동이 자연스럽다. 대가족형 동거는 설 땅을 잃은 것이다. 간병을 받아야 할 때는 대부분 병원과 시설로 의탁된다. 때문에 최후 이벤트인 장의 방식도 매장에서 화장으로 급속히 변화했다. 부모 세대에겐 적잖이 낯선 변화다. 그럼에도 현역 세대 누구에게든 곧 닥칠 화두다. 베이비부머의 ±75세 유병 연령을 보건대 잔존시간은 고작 10년뿐이다. 2030년부터는 연평균 85만 명이 본격적인 유병 노후기인 75세에 진입한다.

이에 발맞춘 집의 재검토는 시대적 요구다. 거세질 간병 갈등을 해소할 인생 최후의 공간을 모색하는 것이 그렇다. 최종 목표는 자신의 집에서 삶을 마무리하는 것이다. 정든 집과 가족 품에서 마침표를 찍는 것만큼 존엄한 죽음도 없다. 통계도 이를 거든다. 최후 공간에 대한 선호를 살펴보면 자택(46%)·시설(38%)·병원(11%) 순서(청년의사·2011년)다. 아쉽게도 현실은 병원(69%)이 자택(20%)보다 훨씬 많다(통계청·2016년). 시설까지 합하면 80%가 자택 외다. 복지가 탄탄한 네덜란드(30%)의 발끝에도 미치지 못하는 것은 물론 미국(40%)보다도 훨씬 높다. 제아무리 비싼 집에 살아도 인생의 최후를 안락하게 보내지 못하면 삶의 의미는 퇴색할 수밖에 없다.

고령사회로 향하는 버스는 이미 출발했고 간병 수요의 급증은 정해진 미래다. 그토록 원하는 것이 재택 간병이라면 집의 가치와 기능에 대한 생각을 바꾸는 게 맞다. 절대 변수였던 시세 상승의 기대감에서 간병 최적화로 무게중심을 옮기는 게 바람직하다. 혹은 시세 기대와 간병 환경을 동시에 고려하는 게 좋다. 공간 구성·입지 기반·교통 편의 등 전통 변수에 간병·의료 시설을 더하는 것이다.

그나마 이는 현재의 상식하에서 통할 뿐이다. 한국 특유의 급격한 시대 변화를 보건대 앞날에 펼쳐질 '간병+주택'의 연결 방식은 한층 혁신적일 것이다. 전에 없던 주거 모델이 출현할 수도 있다. 정책이든 시장이든 욕구 해결형 아이디어가 봇물처럼 터져 나올 수밖에 없다. 초고령사회에 진입한 국가에선 새로운 거주 방식도 일반화됐다. 저성장·인구병의 시대에 맞게 투기적 성격이 짙은 집에서 인간 회복적 집으로 방향을 바꾸었다. 슬로건은 '병원에서 지역으로'와 '시설에서 재택으로'로 요약된다. 비인간적인 병원 임종에 대한 불만과 갈등이 커지자 집에서 임종을 맞기 위해 자원을 투입하는 쪽을 택했다.

국가는 사회문제의 최종 해결자답게 재택 간병을 위한 의료 개혁과 포괄 케어에 적극적이다. 시장도 거든다. 유병 노후에 접어든 거대 인구를 위한 '주거+의료+생활' 맞춤 공간 제안 모델이 그렇다. 간병을 '의료+생활'로 해석한 접근으로 몸이 아프고 불편해도 집에서 일상생활을 영위하고 싶다는 바람을 실현해준다.

◑ 거대 수요에도 공급이 제한적인 최후 공간

인생 최후의 집 찾기는 고령사회의 화두이자 매우 큰 욕구다. 아직 일부에 국한된 수요지만, 곧 눈높이에 맞춘 세분화된 주거 모델로 일반화될 전망이다. 공급 주체는 영리기업이 대부분이지만, '노후 간병

=고령 복지'라는 차원에서 행정·비영리 대응 모델도 늘어난다. 지역 활성화를 위한 주민 중심 커뮤니티 사업 형태로도 언급된다. 고령 가구 중심으로 집에서 이웃과 교류하며 간병과 생활 이슈를 해결하는 당사자형 은퇴 마을이 그렇다. 비컨힐(Beacon Hill) 모델처럼 미국에만 300개를 웃도는 풀뿌리 정주형 노인 마을이 있다. 관계 복지를 지향하는 영국의 서클(Circle) 모델도 의료부터 생활까지 공동체 자체에서 해결해 화제를 모았다.

유럽에선 노인 수요를 해결해줄 특화형 공유 주택을 협동조합 식으로 짓는 경우도 많다. 압권은 CCRC(Continuing Care Retirement Community)다. 일종의 미국형 고령 마을로 간병 부가형 주거 단지다. 노인들은 건강할 때부터 아플 때까지 이사하지 않고 연속적으로 돌봄을 받을 수 있다. 2,000개 소에 70만~80만 명의 입주자가 생활한다. 직장 출퇴근이 가능한 데다 최근엔 세대 교류형을 지향해 유치원·탁아소·학교 등 기반 시설을 강화하는 추세다. 원하는 바에 따라 독립 생활·생활 보조·전문 간병·재활 센터·치매 중심 등 각양각색의 맞춤형 집을 제공한다.

일본판 CCRC의 모범 사례는 '미나기노모리(美奈宜の杜)'다. 일본 최초의 CCRC로 영주·주말 별장·직주 겸용 등 3개 스타일로 나눠 커뮤니티를 꾸렸다. 최근까지 고전했으나, 거주민 가운데 25%를 현역 인구로 수혈해 세대 교류형 마을로 변신했다. 노인과 청년의 공동 작업이 활발해지면서 세대 간 교감도 활발히 이루어졌다. 실험은 대규모 개발 단지형에서 소규모 마을 재편형으로 확산되는 추세다.

한국으로 눈을 돌리면 선택지가 생각보다 적다. 잠재 수요를 고려하지 않은 미스 매칭이 목격된다. 원하는 시설은 별로 없는데, 비용은 부담스럽다. 요양원과 요양 병원이 태반이고, 실버타운은 까다롭다. 양질의 서비스를 기대하는 것은 특히 어렵다. 저임금·장시간의 열악한 현장이 적지 않기 때문이다. 간병보다 통제를 우선해 갈등 사례도 많다. 아니면 초고가의 입주 보증금과 생활비를 내는 실버타운 정도다. 10억 원대 보증금에 월 400만~500만 원(1인당)인 경우가 대부분이다. 수천만 원이나 30만~40만 원대도 있지만, 만족도는 낮다.

'간병+주택'의 고민이 깊은 일본은 노인 주택이 각양각색이다. 수요에 힘입어 다양한 공급을 시도한다. 건강도·경제력·가치관을 세분화해 일찌감치 최후의 공간을 마련하려는 예비 인구까지 설득한다. 안단테 구락부라는 중개 모델처럼 5단계 건강 상태별로 지역·가족·예산까지 아우른 매칭 사업도 활발히 이루어지고 있다. 수급 간극을 메워줄 유력 주자는 '서비스 부가 고령자 주택'이다.

이는 시장이 앞다퉈 출사표를 던지는 사업이기도 하다. 애매모호했던 각종 노인 공간을 통합한 형태로 관심이 뜨겁다. 공공시설(특별양호 노인 홈)은 부족하고 민간시설은 가성비가 낮다는 점을 노렸다. 복지시설이 아닌 임대주택이지만, 최저 조건을 명문화해 안부 확인과 생활 상담을 필수 항목으로 삼았다. 또 다양한 추가 서비스 등 자유도를 높여 시장 참여를 유도했다. 그럼에도 간병에 포커스를 맞춘 민간시설(유료 노인 홈) 비용보다 저렴하다. 즉 건강한 일상생활을 전제로 자택에서 생활하는 듯한 느낌을 강조하며, 필요할 때 간병 서비스를 제공해 합리적이다. 그렇지만 이것이 만능은 아니다. 서비스와 비용은 늘 부딪히며 사적·공용 공간에 관련된 갈등은 여전하다. 그럼에도 시장 수급에 주목한 신모델임은 분명하다.

표 6 서비스 부가 고령자 주택과 유료 노인 홈의 비교

	서비스 부가 고령자 주택	유료 노인 홈
계약 형태	임대차계약 혹은 이용권 방식	이용권 방식
감독 관청	국교성, 후생성 공통 관리	후생성
입주 비용	보증금(저액, 원칙상 퇴거 때 반환)	입주 일시금(고액, 입주 때 20~30%가 상각, 잔액은 선불 임대료로 수년간 상각, 퇴거 때 환불 금액 체감)
월 비용	임대·공익(공용)비 약 10만~30만 엔	월 이용료 약 15만~30만 엔
이용 대상자	60세 이상 고령자	60세 이상 자립 고령자, 65세 이상 간병 인정자
지향점	프라이버시 중시	공동주택
간병 서비스	외부 서비스 이용	가능
식사 서비스	가능	가능

- 출처: http://sakozyu.com

PART - 03

인구 문제는
어떻게 해결할까?

코로나19가 던진 교훈
'인구 균형을 위한 뉴노멀 제안'

코로나19와 같은 전염병의 공격을 받은 것은 인류사를 볼 때 한두 번이 아니다. 그때마다 숱한 대응과 반성을 불러왔다. 그럼에도 잊힐 만하면 다시 유행하는 게 전염병이다. 문제 발생의 근본에 대한 면밀한 대책을 세워야 그나마 후폭풍을 최소화할 수 있다.

똑같은 실패를 또 겪을 이유는 없다. 이번만 해도 엄청난 수준과 범위의 유·무형 충격으로 사회 전체가 혹독한 시련을 겪었다. 일부 수혜 그룹이 있었지만, 절대다수가 경제·심리적 난관에 맞닥뜨렸다. 취약 계층은 두말할 필요도 없다. 피해 추계조차 불가능하고 무의미하다. 확실한 건 천문학적이란 점이다. 애프터(after) 코로나·위드(with) 코로나란 표현처럼 새로운 기준과 원칙을 통해 과거와 구분 짓는 뉴노멀을 제안할 정도다.

이미 많은 게 변했고, 또 바뀔 터다. 당연했던 대면 회의·집합 근무·타지 출장·다중 유흥 등은 거리 두기 이후 급감했다. 효과성이 엇갈리는 가운데 못할 것도 없다는 경험을 얻었다. 만나야 가능했던 거의 모든 행위가 비대면으로 대체될 것으로 예상된다. 문제는 앞으로다. 전염병의 반복은 예고됐다. 과학기술로 과거보다 대처 능력이 좋아질 것이란 예측은 낙관론에 가깝다. 백신보다 더 빠르고 교묘하게 변하는 전염병의 능력은 이미 확인됐다. 우주 탐사에 익숙한 인류건만 3년째 전 세계가 허우적대는 배경이다. 반복을 막으려면 우선 인간을 분석해야 한다. 탐욕과 개발, 그리고 재난의 연결 고리 원점에 인간이 있다. 지속 가능한 인구 해법만이 전염병에서 비켜설 지름길이란 얘기다.

◖● 균에 맞선 인류 행보 '위기와 대응의 역사'

인구와 질병은 불가분의 관계다. 특히 전염병은 인구 변화와 밀접하다. 의학계에선 코로나19가 발생한 원인을 인간의 무분별한 영역 확대가 부른 자연 질서 파괴에서 찾는다. 원래 다른 영역에 살던 바이러스가 인간이 인위적으로 만든 환경에 적응하려니 인간을 숙주로 삼았다는 것이다. 생물 상호 간 작용 체계의 일탈이 문제란 의미다. WHO(세계보건기구)도 최근 20년간 창궐한 신종 전염병 중 60%가 인수 공통이고, 이 중 75%가 야생동물에서 비롯됐다고 밝혔다. 인간이 균의 공간까지 침범하며 생태계의 자연 균형을 깬 결과다.

전염병뿐만이 아니다. 인간의 탐욕은 빈번해진 이상기후를 말할 때도 빠지지 않는다. 가뭄·홍수·산불·폭염 등 전에 없던 무차별적 이상 현상은 인구 문제, 즉 인간 욕구로 해석해야 설득력이 높다. 기후 위기가 심각할수록 질병 창궐은 비례할 수밖에 없다. 환경 결정론을 내세운 《총균쇠》는 농경 생활이 집단생활·인구 증가·토지 부족·전쟁 발생·이동 확대·질병 전파로 귀결됨을 설파한다. 더 많은 인간의 더 큰 행복에 맞춘 인구 집단의 크기와 숫자가 고밀도형 정주 생활을 견인했고, 이것이 질병 발생을 부추겼다는 입장이다. '거대 도시=세균 천국'이라는 논리다.

반대로 균은 인구구조를 쥐락펴락한다. 《전염병의 세계사》를 보면 전염병은 인구의 자연 감소와 사회이동을 가속화하며 역사를 정한다. 인간 생활뿐 아니라 사회체제·정치 역학·문화 양태는 물론 결국 문명 멸망까지 관할하기 때문이다. '질병 발생 → 인구 감소(인구 이동) → 노동 부족 → 기근 심화 → 전쟁 발발' 등에도 부분적인 영향력을 행사한다.

인류사는 전염병에 맞선 응전사인데, 아쉽게도 늘 전염병과의 대결에서 졌다. 재앙으로 불리던 역사적 사건의 대부분은 전염병이다. 페스트·나병·결핵·매독·콜레라·장티푸스·천연두 등이 꼽힌다. 현대에는 에이즈·에볼라·사스 등이 신종 명단에 이름을 올렸다. 문명을 몰살시킨 전염병도 주기적으로 출현했다. 매년 새로운 질병이 위협한다 해도 과언이 아니다. 의학 발전도 전염병의 치료 경로와 비례한다. 다만 쉽지 않은 건 반복되는 계절 독감마저 정복하지 못했기 때문이다. 균의 도전은 그만큼 위협적이다.

단 몇 달 만에 발생해 어떤 질병보다 많은 목숨을 앗아 간 건 독감이다. 1918년 창궐한 스페인독감이 유명하다. 추정 사망자는 최소 2,000만 명에서 최대 1억 명까지 거론된다. 사회이동과 인적 교류가 늘며 질환에 노출될 기회가 많아졌고, 방어 체계를 갖추지 못한 사람이 늘어난 결과다. 중세에 균이 국제적으로 이동하는 데는 10년 넘게 걸렸지만, 지금은 단 며칠이면 전 세계에 퍼진다. 21세기 첫 신종 전염병인 사스는 순식간에 30여 개국으로 퍼져나갔다.

전염병이 악영향만 미친 건 아니다. 전염병의 공격은 새로운 패러다임을 낳았다. 어쩌면 시대 변화를 불러온 뉴노멀의 창시자라 할수 있다. 가령 로마 멸망은 유럽형 중앙 제국의 시대가 끝나고 지방 영주가 다스리는 자치 분권의 중세 봉건시대를 열었다. 페스트가 유럽을 강타한 것은 '중세 → 근대'로 넘어오는 발판이 됐다. 대량 사망과 노동 부족으로 협상력이 커진 농업 노동자가 낡은 봉건주의를 흔들었다. 대항해 등 유럽의 제국주의와 식민주의도 확대됐다. 전염병이 해외로 눈을 돌리게 한 셈이다. 또 천연두로 남미를 정복한 구대륙은 유럽의 교환 화폐였던 금은의 대량 공급지였다. 화폐 증가는 물가 상승과 상업 발전을 불러와 자본주의의 씨앗이 됐다. 풍요 시대는 시민 정신과 계몽사상으로 연결되며 프랑스혁명 등 변화를 낳았다.

평가가 엇갈리는 프랑스제국의 나폴레옹은 전염병에 무릎을 꿇었다. 1812년 단행한 러시아 침공은 월등한 병력에도 추위와 질병으로 실패했다. 61만 대군 중 40만 명을 장티푸스로 잃고 허무한 회군과 함께 왕조 복권을 야기했다. 전염병은 산업혁명과도 부분적으로 연결된다. 기근·전쟁·질병을 통한 인구의 자연 조절을 설파한 맬서스의 함정(traps)이 산업혁명 후에는 잘 먹혀들지 않아서다. 되레 공장과 분업 확대에 힘입은 생산 증대는 급격한 인구 증가를 낳았다. 3대 조절 기제가 작동하지 않으면서 기하급수(인구)와 산술급수(식량)의 갭은 커져갔다. 그런데도 인구는 늘었다. 한계 혁명으로 식량 증대·소비 증가·생활 향상을 일궈낸 덕택이다. 이들 인구 증가가 풍족한 노동 공급을 완성하며 산업혁명에 날개를 달아줬다.

◐◑ 과부하 생태계를 구원할 인구학적 균형 셈법

인간이 욕망을 느끼는 것은 자연스러운 일이다. 단, 모든 문제는 과유불급에서 비롯된다. 전염병은 여기에 맞선 자연의 경고와 같다. 즉 욕구 실현적인 인류사와 자연 대항적인 전염병은 중첩된다. 절체절명의 위기와 전화위복의 도약 기회를 동시에 가져온다. 기회로 삼기 위해서는 인구구조의 양적·질적 변화가 파괴적인 지구 과부하보다 건설적인 공존으로 연결되도록 해야 한다.

이대로면 지속될 수 없다. 약탈적 자본 셈법이 야기한 기후변화는 또 다른 전염병의 출현을 예고한다. 이는 코로나19가 인간에 던진 강력한 화두이기도 하다. 인간은 지구 생태계의 절대 지배종이 아니다. 46억 년의 지구사 중 끄트머리에 출현한 후속종이다.

그런데도 인류세(anthropocene)라는 새로운 지질시대 구분 용어가 나올 만큼 기존 생태계에 큰 영향을 미쳤다. 온갖 자원을 남용하며 가장 폭압적인 종이 됐다. 고작 100년도 살지 못하는 인간은 유

구한 지구의 주인일 수 없다. 잠깐 빌려 살며 후대에 물려줄 손님일
뿐이다.

　그렇다면 객체인 인간은 착취가 아닌 공존을 택해야 한다. 세계
사가 보여주듯 전염병을 인정하고 겸손하게 함께 살아갈 지속 가능
성을 타진하자는 의미다. 인구구조도 균형과 지속을 위한 방향으로
전환하는 전략이 권유된다. 결과론적 인구 변화에 함몰되기보다 적
정인구를 통한 균형을 유도하는 것으로 정책 방향을 바꾸는 것이 바
람직하다.

　앞선 전염병의 교훈처럼 과도한 탐욕(원인)과 치우친 쏠림(결과)
은 경계 대상이다. 지구 자원은 한정적이다. 누군가의 이득은 누군가
의 피해가 되는 제로섬에 가깝다. 기성 그룹이 자원을 독점하면 후속
멤버에게서 기회를 빼앗을 확률이 높다. 기득 세력의 고용 독점과 후
발 주자의 박탈감은 일자리를 둘러싼 세대 갈등을 불러오고 출산 포
기를 유도한다. 도시 집중과 농촌의 분화도, 고령 증가와 청년 감소의
대비 현상도 마찬가지다.

　따라서 지속 가능한 인구구조는 이를 위한 리밸런싱(rebalancing)
과 맞닿는다. 균형적인 포트폴리오가 안정적이고 수익성이 높듯 유
한한 지구 자원과 무한한 인간 욕구를 재조정해 지속 가능성을 높이
는 차원이다. 전염병이 자연 저항의 선발대라면 출산 포기는 미래 인
구의 생존술이다. 겉으로는 후속 세대가 패배한 것처럼 보이나, 실은
승자일 수 있다. 가족 때문에 고생하기보다 나의 앞날을 생각하기 때
문이다. 세대 단절의 피해는 자연을 파괴한 인간에게, 미래를 당겨쓴

현재에 향한다. 전염병의 교훈처럼 자승자박의 딜레마적 자충수가 아닐 수 없다.

● 전염병의 역습이 만들어낸 새로운 경제학의 출현

변하지 않는 것은 없듯 자본주의는 곳곳에서 고장 났다. 빈부 격차가 대표적이다. 자본주의는 절대 빈곤에 지배당한 암울한 중세를 구해 낸 일등 공신이나, 애초의 의도처럼 풍요로운 인간 생활은 생각보다 정착되지 않았다. 균형감을 잃은 자본 독주의 탐욕과 쏠림 탓이다. 양극화로 불리는 비뚤어진 운동장은 노동은 물론 자본의 지속 가능성마저 심각하게 훼손한다. 급격히 기울면 운동장에 선 모두가 넘어진다는 점에서 원인을 제공한 자본의 반성과 제안도 잇따른다. 이는 새로운 경제학의 출현과 맞닿는다. 최소 비용·최대 이익을 준수한다는 철칙이 만병통치약일 수는 없다고 봐서다.

대전제였던 인간의 합리성과 효율성도 재구성에 돌입했다. 250년 역사를 지닌 자본주의가 설파한 절대 학설이 먹혀들지 않거나 설득력이 낮은 경우가 늘었기 때문이다. 그 정점에서 세를 확산 중인 자본주의 대안 실험이 행동경제학 혹은 생태경제학이다. 인간 행동을 살펴보면 자본주의 교리처럼 이성을 갖추고 이상을 향하는 합리성이 결여된 사례가 비일비재해서다. 경제적 인간(Homo Economicus)에서 벗어난 비합리적 인간 행동이 늘어나는 이유를 주목한 것이 행동경제학이 등장한 배경이다.

이는 생태경제학과도 밀접하다. 지속 가능한 성장을 위해 환경 윤리를 내세우며 자원 고갈에 직면한 지구 생태를 구하려는 학파다. 단편적 수익 극대에서 종합적인 사회 진화로 시선을 확장했다. 인간과 자연의 생태 시스템이 지닌 상호 의존과 공동 진화의 측면을 강조한다. 금전적 경제행위에 치중해온 주류 경제학에 맞서 전 지구적 생태 위기를 극복할 인간 행동이 필요하다는 입장이다. 생태계의 고갈을 멈출 때 성장 한계를 뛰어넘을뿐더러 양적 성장에서 벗어난 질적 번영이 가능해서다. 공유지의 비극에서 지속 가능성을 배우려는 쪽이다. 즉 생태경제학은 지속 가능성과 인구 불평등(세대 내·간 격차)의 고민에서 시작된다. 자연은 물론 인간과 사회의 에너지는 시장 원리가 아닌 생태 흐름에 따라 움직이도록 할 때 균형을 이룬다는 점에서 윤리적 경제를 지향한다.

생태경제학에 따르면 전염병도 결국 자연 균형의 파괴에서 비롯된다. 전염병이 경고한 지구 착취나 저출산이 빚어낸 인구 경고도 연장 선상에서 바라본다. 지속적인 번영을 위해 그간의 성장 방식과 인구 변화의 과부하 혹은 부작용을 줄일 새로운 시선에 주목하자는 얘기다. 상생 공동체로서 생태 회복을 지향점으로 삼아야 한다. 배려 주체와 대상을 자본에서 지구로, 현재에서 미래로, 그리고 기득권에서 후세로 바꾸어야 한다.

지금까지 자본주의는 발 빠르게 새로운 경제학을 흡수하며 변화 압박에 대한 적응 능력을 키웠다. 많은 위기에도 지금까지 버텨낸 건 본능적인 변신 노력 덕분이다. 인구의 균형 회복도 그 노하우를 학습

하는 게 바람직하다. 인구 변화에 큰 영향을 미치는 균형 파괴적 삶의 한계를 극복하기 위해서다. '도시 vs 농촌', '고령 vs 청년', '남성 vs 여성', '정규직 vs 비정규직'은 물론 '자본 vs 노동', '근로 소득 vs 자산 소득', '자가 vs 임대', '사회보장 급부비 vs 보험료' 등 불균형의 세부 이슈 모두 해당된다. 탐욕과 쏠림이 표준편차를 벗어나면 곤란하다. 지속 가능성에 집중한 새로운 경제학처럼 생산과 소비로 사회 구조를 떠받치는 인구 영역도 균형적 뉴노멀을 찾아야 할 시점이다.

적정인구론을 둘러싼
몇몇 반론

맬서스의 '인구론'은 식량과 인구의 갭에 주목한다. 인구는 기하급수, 식량은 산술급수로 늘어나니 편차를 채우지 못한다는 논리다. 둘의 증가 속도가 달라 식량이 인구를 먹여 살리지 못할 것이란 취지다. 물론 가설은 틀렸다. 자본주의는 한계효용 제로 사회로 치달으며 생산성을 획기적으로 늘려 식량 공급에 나름 성공했다. 남북문제로 대륙 간 양극화는 있어도 총량 기준 식량 부족은 해소됐다.

그럼에도 핵심적인 맥락은 유효하다. 현대사회로 치환하면 욕망(인구)과 소유(자원) 간의 엇박자는 갈수록 심화된다. 더 많이 빨리 갖고 싶은데 자원은 한정적이라 쟁탈전이 치열해진다. 방법은 둘뿐이다. 더 갖거나 덜 바라는 선택지다. 기하급수를 내리거나 산술급수를 올리는 것 중 하나다. 폴 새무얼슨의 행복 방정식도 이와 비슷하다. '소유/욕망=행복'의 산식이 커지려면 분자인 소유(성취·소비)를 늘리기보다 분모인 욕망(탐욕·기대)을 줄이는 게 낫다고 했다. 불확실한 미래를 내걸고 현재를 저당 잡히지 않으려는 후속 세대의 '소확행'과도 이어진다.

이쯤에서 주목해야 할 것은 인구 감소를 호재로 보자는 견해다. 인구가 줄어도 식량이 유지되거나 증가하면 1인당 몫이 커져 좋은 것 아니냐는 얘기다. 가뜩이나 좁은 땅에 많은 인구가 불행을 키웠으니 사람이 줄면 한층 쾌적하고 여유로워질 것이란 가정이다. 꽤 그럴듯 한 논리다. 맬서스가 내놓은 갭이 줄어드는 결과라 '인구(욕망)=자원 (소유)'을 일치시킬 수 있기 때문이다. 자연스러운 인구 감소는 충격보 다 기회일 수 있다는 맥락이다.

●● 좁은 땅에 수많은 인구라면 감소가 더 낫다?

인구가 줄면 좋다는 논점은 자연스레 적정인구론으로 연결된다. 적 정인구란 자원을 누리며 먹고사는 적절한 규모의 인구수를 뜻한다. 극단적 배분 갈등은 차치한 전제로 어디까지나 평균 생활을 가정한 총량 개념의 인구 규모다. 절대다수가 만족스러운 수혜를 입으며 일 상생활을 영위하는 최적 인구라는 점에서 현실성과는 별개로 호기심 은 높다. 학계도 나름의 적정인구 산출에 열심이다.

정리하면 대체적인 결과는 인구 감소를 지지한다. 평가 항목과 측정 기준이 달라 제각각이나, 한국의 현재 인구(5,184만 명)보다는 대 부분 적은 숫자를 적정인구로 본다(장래인구추계: 2020~2070년). 한국 인 구학회는 4,600만~5,100만 명, 국토도시학계는 4,350만~4,950만 명, 한국보건사회연구원은 5,000만 명(2020년)·4,300만 명(2080년)을 적정인구로 봤다. 통계청도 2065년 4,300만 명을 적정인구라 발표했다. 일부는 4,000만 명 초반까지로 본다. 어쨌든 지금보다 줄어드는 게 자원 배분·경제 유지 등 한국 여력에 부합한다고 본다. 바꿔 말해 현재 한국은 '인구 〉 자원'의 과밀 상태란 뜻이다.

따라서 '인구=자원'의 교차점까지는 줄어드는 게 좋다는 것으로 해석된다. 인구 감소를 받아들이자는 메시지다. 어차피 줄어들 거라 받아들이지 못할 이유는 없지만, 조심할 점이 있다. 먼저 인구 감소와 맞물린 자원량의 유지·확대 시나리오다. 인구 감소에 비례해 자원 규모도 줄어들면 적정인구론은 무의미하다. 적어도 배분 자원이 똑같아야 1인당 몫도 커지는 법이다. 자원이 줄면 인구가 적어져도 상쇄 효과는 낮다. 인구와 자원이 함께 감소하는 수축 경제에 가깝다.

다만 인구 감소에 맞서 자원 공급이 유지·확대되기란 쉽지 않을 전망이다. 생산과 소비 주체의 양적 감소는 경제적 산출 가치를 줄이는 방향으로 작용할 것이란 추정이 더 합리적이다. 산업·복지·세제 등 경제 토대에는 '인구 규모가 성장의 기반이자 곧 재정 상황'이라는 논리가 복잡하게 얽혀 있기 때문이다. 물론 인재 고도화로 생산성 혁명을 이뤄내면 적정인구론도 실현된다. 당연히 가야 할 길이나, 당장은 실현하기 어렵다. 양적 성장에 맞춘 기존 제도는 물론 생활 양태와 가치 인식까지 완벽하게 재편해야 한다. 인구 감소를 녹여낸 새로운 작동 논리로서 뉴노멀의 안착이 시급한 시대 과제로 부각된다.

●● 적정인구론이 출산 정책을 미루는 근거가 돼선 곤란

또 하나 걱정은 적정인구론이 출산 정책을 후순위로 미루는 근거로 작용할 가능성이다. 출산 감소는 극복할 과제이지 당연히 수용해야 할 현실이 아니다. 출산 정책을 방치 혹은 포기하면 인구학적 디스토피아의 도래는 예고된 셈이다. 가뜩이나 시간이 오래 걸리고 돈이 많이 드는 데다 성과조차 미약해 회피하고픈 게 출산 정책이다. 적정인구론이 다시금 출산 정책의 관심도와 실효성을 낮추는 빌미를 줘서는 곤란하다. 가십 거리에 가까운 적정인구론이 정책을 쥐락펴락해 혼선과 갈등을 부추겨서는 안 될 일이다.

적정인구론이 도농 불균형과 만나면 논점은 재차 흔들린다. 우리나라의 경우 도농 불균형은 갈수록 심해진다. 수도권은 인재와 자금은 물론 환자까지 블랙홀처럼 흡수한다. 당연히 수도권의 한정 자원은 52%의 거주민을 만족시키지 못한다.

수요 초과와 공급 부족은 가격 인상으로 직결된다. 고성장·고임금 시대라면 그래도 버텨내지만, 상황은 녹록지 않다. 자원이 경합하는 최대 격전지인 서울은 약자부터 등을 떠밀며 거대 성곽을 구축한다. 천정부지의 아파트값이 그 증거다. 서울에서 시작된 인플레이션은 부도심과 수도권까지 위협한다. 인구 평준화를 위한 과밀 해소책이 있지만, 대부분 실패한다. 그 결과가 도농 불균형이다. 이 상황에선 적정인구론 자체가 무의미하다. 평균적 감소와 지역적 집중은 무관하다. 줄어도 쏠리면 문제다.

● 인구 감소에도 '욕망(인구) > 소유(자원)'라면 무의미하다

인구 감소와 자원 수요도 새롭게 고려할 부분이다. 인구가 줄어도 수요가 늘면 자원은 부족하다. 자원 공급량이 획기적으로 늘지 않으면 자원량을 초과한 욕망량은 적정인구론의 기대 효과를 희석시킨다. 즉 인구 감소에도 '욕망(인구) > 소유(자원)'가 지속돼 문제 해결에 도움이 되지 않는다. 1인당 몫이 커지면 사람이 줄어도 경쟁은 여전히 치열하다. 커지는 양극화와 무너진 중산층을 볼 때 국민소득 3만 달러만으로는 행복을 보장할 수 없다. 평균적인 고도·압축의 양적 성장에도 힘들다는 호소가 일상적인 건 배분 갈등과 자원 부족 없이 설명하기 어렵다.

실제 1인당 GDP가 1만 5,000~2만 달러를 넘기면 행복과 소득은 비례하지 않는다는 이스터린의 역설을 간단히 깨는 게 엄연한 현실이다. 약 50년 전인 1974년 주장한 역설이니 금액을 좀 더 높이는 게 맞다. 요컨대 인구 욕망을 만족시킬 만큼 자원을 소유하는 것은 아직 멀었다는 얘기다. 하물며 적정인구 운운하는 것은 한가로운 일이다.

적정인구론은 합의하기 어려운 논제다. '적정'이란 애매한 단어에서 확인할 수 있듯 명확한 평가 기준은 없다. 그보다 중요한 건 살아갈 이들의 생활 질을 업그레이드하는 것이다. 살 만한 사회여야 훗날을 기약할 생산도 꾀할 수 있다. 인구 규모에 대한 화두보다 생활 수준에 대한 기준이 먼저다.

삶의 질을 높이되 출산 포기에 따른 인구 감소의 중·장기적 대응 전략도 내려놔선 곤란하다. 적정인구론을 내세워 사태 파악을 지체하거나 회피하면 곤란하다. 논점에서 빗겨 설 여유는 없다. 충격적인 출산 포기는 원인이 제도적 억압이든 개별적 선택이든 상당한 후폭풍을 낳는다. 인구가 감소되면 좋다는 식의 적정인구론은 착각이자 오해에 가깝다.

그림 22 맬서스의 인구론 그래프

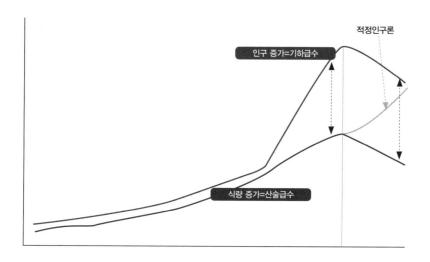

현실적 인구 목표는
'감소를 저지하는 것'

팬데믹이 인구병을 구했다. 팬데믹이 없었다면 인구 문제에 대한 갈등으로 상당한 혼돈에 내몰렸을 터다. 인구 문제가 막강한 파괴력과 후폭풍을 내포한 난제 중의 난제인 까닭이다. 이대로면 한국 사회를 떠받쳐온 세대 부조형 정책 운영은 기능을 잃는다. 인구구조 그래프가 물구나무형, 즉 가분수(고령화/저출산)로 급변할 것이다. 그렇게 되면 설득력을 잃은 고도 성장형 기존 제도는 유지될 수 없다.

구조 개혁이 지속 가능한 미래 설계의 첫걸음이라면 기초 뼈대는 인구 대응에서 출발한다. 팬데믹이 끝난 후면 늦다. 2년의 외면은 20년의 고통을 뜻한다. 벌써 시작했어도 충분하지 않다. 시간을 단축하기 위한 집중적이고 효율적인 대책을 마련해야 한다. 지금이 인구 대책을 세울 마지막 기회다.

◉● 전국 각지의 인구 대응 성과가 없었던 이유는?

인구 문제는 체감도가 클수록 위기감도 비례한다. 그래서 인구 대응은 지방정부가 더 발 빠르게 시행할 수 있다. 평균치를 갉아먹는 인구병이 농산어촌일수록 중증인 탓이다. 인구가 증가한 몇몇 지자체를 빼면 절대다수에 인구 소멸 경고장이 던져졌다. 출산 장려·주거 지원·전입 유인 등 정책이 총동원되고 기업 이전·기관 유치 등의 경합도 뜨겁다. 재정을 투입해 관광과 산업 거점형 인프라를 구축하는 것은 일상이다. 균형 뉴딜 등 중앙예산에 의존한 세부 사업까지 포괄하면 사실상 없는 게 없다. 한쪽에서 성과가 있다는 입소문이 퍼지면 따라하기식 벤치마킹도 자주 이루어진다.

출산 정책은 더 눈물겹다. 액수와 대상 등 자녀 숫자별 지원금을 내세워 출혈경쟁을 반복한다. 자녀를 낳으면 빚 1억을 갚아주거나 임대료를 면제해준다는 곳도 생겨났다. 튈수록 주목받기에 파격적 아이디어는 계속 나오지만 중앙 정책과 겹치는 내용이 부지기수다. 해서 경쟁을 넘어 과열이란 혹평이 많다. 돈으로 보면 가성비가 낮거나 없다. 투입(15년간 200조 원)은 많은데 산출(출산율 세계 꼴찌)은 별로다. 영리 조직과 개별 가계의 살림살이면 진즉 망했을 수준이다.

인구 대응은 문제의 본질부터 목표 설정까지 획기적으로 재검토하고 전반적인 재조정을 해야 하는 문제다. 목표가 옳은지, 내용이 맞는지 살펴봐야 실패할 확률은 낮아진다. 그럼 인구 대응의 목표는 뭘까. 십중팔구 '인구 증가'다. 인구 감소가 원인이니 증가로 방향을 전환하는 것이다. 출산 장려를 최우선순위에 놓는 근거다.

핀트는 여기서부터 엇나간다. 인구 증가가 간절히 원하는 최종 목표이긴 하지만 관건은 실현 여부인데, 이게 만만치 않다. 하락세에 접어든 선행 사회 중 어떤 곳도 인구 유지선(2.1명)까지 늘린 사례는 없다. 바닥을 찍고 살짝 반전했거나 저점 다지기가 고작이다. 드라마틱한 반전을 보인 일본도 1.26명(2005년)에서 1.34명(2020년)까지였다. 한때 좋았지만(2015년 1.45명), 다시 내려앉았다. 프랑스도 1.65명(1993년)에서 1.87명(2019년)까지 늘렸지만, 추가 상승은 쉽지 않다. 반짝 반등은 있어도 장기 추세형 인구 증가를 완성하기란 어렵다는 얘기다.

서구라면 이민 출산과 국제 전입이라는 이민 확대 정책이 주효했다. 그러나 한국 같은 국가는 이를 기대하기 어렵다. 그 때문에 선진국은 대부분 정책 목표로 인구 증가보다는 감소 저지를 선택한다. 목표가 '덜 떨어지게 하기'라면 정책 내용은 달라진다. 출산 장려 일변도에서 벗어나 생활 전체로 다양화할 수 있다. 낳으면 돈 주는 방식만 고집하지 않고 낳을 만한 환경을 조성하는 식이다.

◉● 현실 타협의 일본 교훈, '인구 증가보다 감소 저지'

인구 증가는 탁상공론이 빚어낸 희망 고문에 가깝다. 단번에 이룰 수 있는 목표가 아닌 만큼 감소 저지처럼 단계를 하나둘 밟아가는 게 옳다. 선진국이 공통적으로 보여주는 교훈이다.

인구 감소에 돌입한 일본은 인구를 1억 명으로 유지하는 것을 정책 목표로 내걸었다. 1억 2,600만 명이라는 인구 하락 추세를 받아들이되, 최대한 감소를 억제해 1억은 지키자는 취지다. 추세에 맞선다고 해도 고비용·저성과의 보여주기식 전시행정만 초래했다는 뼈아픈 경험 탓이다. 실제 2008년 인구 정점(1억 2,800만 명)을 기록한 이후로는 어떤 노력도 통하지 않았다. 추계대로면 ±2040년 1억 인구는 깨지고 2110년 4,286만 명까지 축소된다. 그 때문에 가용 자원을 총동원해 1억 데드라인을 지키는 감소 저지로 방향을 틀었다. 주무 부처인 특임장관(일억총활약상)을 설치한 이유다.

2016년부터는 인구 정책을 상징하는 문구로 로컬리즘을 제안해 '감소 저지=로컬리즘'을 추구한다. 출산 장려형 자연 증가보다 출산 유지형 사회이동에 방점을 찍은 조치다. 비교적 높은 출산율을 보이는 농산어촌의 사회 전출을 줄여 균형 인구를 유지하는 전략이다.

도시는 농촌보다 출산율이 낮다. 인구밀도가 높을수록 출산 환경이 나빠지기 때문이다. 따라서 도시를 향한 사회이동이 많으면 인구 감소세는 가팔라진다. 교육과 취업을 위한 사회이동이 계속되면 상황은 급속도로 악화된다. 따라서 감소 저지는 곧 인구 유출 방지로 정책을 전환하는 것을 뜻한다. 더는 도시에 청년을 뺏기지 않겠다는 것이다.

특히 후속 여성을 지역에 잔류하게 함으로써 인구 유출 방지와 출산 유지라는 일석이조 효과를 기대할 수 있다. 또 지역 청년으로 하여금 고향에 남게 하는 것은 도시 청년을 불러오는 것보다 수월하다. 일본은 감소 저지를 위한 로컬리즘을 위해 지방 고용·지방 이주·

청년 직주·지역 부활이라는 4대 안을 도출했다. 매년 농촌에서 도시로 이동하는 인구를 6만 명 줄이는 세부 계획까지 내놨다. 반대로 도시에서 농촌으로의 유입 목표는 4만 명이다. 합하면 연 10만 인구를 확보하는 것이 목표다. 지자체는 감소를 저지하기 위한 전출 방지와 전입 확대에 맞춰 자원 배분을 수정한다. 뺏고 뺏기는 소모적 인구 쟁탈전보다 지역 인구가 머무르도록 하는 공동체적 가치 확산에 주목한다. 그리고 지역 청년이 머물 수 있도록 고용 창출과 사업 기회·순환 경제의 선순환 기반을 마련하는 데 적극적이다.

◖◗ 감소 저지를 실현할 '지역 자발적 특화·경쟁력'

인구 증가라는 실현 불가능한 목표를 고수할 필요는 없다. '고출산지 → 저출산지'로 전출입하는 것을 줄여 인구 감소를 통제하는 게 좋다. 특히 출혈적 출산 정책보다 청년인구가 잔류하도록 하는 것이 간절하다. 인구 하한을 지키고자 선거철이면 얼굴을 붉혔던 주소 이전 유치 경쟁 등 불필요한 소모전을 끝내자는 의미다.

중앙정부가 예산과 권한을 내려놓는 게 쉽지 않겠지만, 지방자치형 도농 균형을 위한 분권 행정은 시대의 화두다. 기획 능력과 기대 성과를 면밀히 살피며 한정된 자원을 차등 지원할 필요가 있다. 무능력과 무대책의 결과로 인구가 소멸한 지역까지 챙길 여유는 없다. 감소를 저지해 인구 목표에 다가선 지역을 우선할 수밖에 없다. 이로써 공은 지역 단위로 넘어온다. 인구 유지로 지역을 거듭나게 할 새로운 구조와 실행만이 자치단체가 살길이다.

인구 쟁탈은 지역 희비가 있을 뿐 사회 전체로는 원가 장사다. 감소를 저지하기 위해서는 교육과 취업을 위해 지역을 떠나는 15~24세 청년인구부터 덜 떠나도록 챙기는 게 좋다. 취학을 앞둔 자녀의 교육 문제로 지역을 떠나는 부모 세대 또한 타깃으로 삼아야 한다. 이처럼 지역사회를 구성하는 다양한 이해관계자를 감소 저지를 위한 주요 대상으로 끌어모을 때 변화를 불러올 수 있다.

인구추계를 봐도 229개 기초단체 중 소멸 위기에서 비켜선 곳은 없다. 시간은 없고 자원은 적은데 헛발질을 반복하면 끝은 자명하다. 해봤는데 안 되면 방법을 바꾸는 게 상식이다. 자연 증가형 인구 증가를 고수할 여유는 없다. 덜 줄어드는 감소 저지로 목표를 전환하는 것이 현실적이다. 따라서 본격화될 지방분권과 자치 행정은 인구 목표 전환 여부에 맞춰 승패가 엇갈릴 전망이다.

교육 복원과 지역 재생의
상관관계

2020년 인구주택총조사 결과가 최근 발표됐다. 2020~2070년 인구 추계로 향후 정책을 추진하는 데 나침반 역할을 할 결과다. 2015년 후 5년을 기다려온 미래 진단의 핵심 통계라 할 수 있는데, 결과가 충격적이다. 모든 게 기존 추계를 황망하게 깼다. 위기 지점이 예상보다 앞당겨질 것이라는 사실이 확인된 것이다. 가령 총인구 감소 시점은 8년이나 당겨졌다(2028년 → 2020년). 2019년 특별 추계에서 출생·사망의 데드크로스가 10년 빨리 먼저 온 것(2029년 → 2019년)과 맥이 닿는다. 당시만 해도 총인구는 국제 유입으로 시차를 갖고 줄어들 것으로 봤는데, 코로나19가 앞당겼다는 분석이다.

미증유의 인구 변화는 개인과 조직의 내일을 쥐락펴락할 요소다. 인구 변화와 미래 살림은 함께한다. 그나마 대응할 시간이 있을 것으로 봤는데, 경고음과 함께 쓰나미가 닥친 셈이다. 선택과 집중도 여유로울 때 얘기다. 사회 전반의 개혁이 살길이다. 공론화와 대타협을 바탕으로 한 동시다발적 대응이 절실하다. 중요한 건 문제의 진원을 확인하는 것이다. 인구 급변을 낳은 것이 무엇인지 찾아가는 차원이다. 이때 맞춤 해법도 도출할 수 있다.

●● 학교 붕괴가 낳은 인구 유출 경고

인구 변화에 한정하면 한국의 한 걸음은 곧 세계의 기준점이라 할 수 있다. 더는 배울 곳도 청할 곳도 없다. 인류 소멸에 굳건히 맞서는 게 한국의 시대 소명이 되어버렸다. 따라서 외부에 도움을 청하기보다 자기 주도형 학습이 먼저다. 특히 예측치를 단기간·급속도로 벗어났다면 특이 지점을 찾아야 한다. 한국만의 차별적 문제 요인을 찾자는 의미다. 역시 교육을 빼놓을 수 없다. 한국 특유의 교육열이 인구병을 만들거나 부추겼을 개연성이 높아서다. 힌트는 공고한 입신양명의 분위기에서 비롯된다. 입신양명이 자녀 교육으로 연결되고, 이는 다시 대학 간판을 중시하는 트렌드에 닿는다. 그럼에도 취업난은 여전하기에 결혼을 포기하거나 연기할 수밖에 없고, 결국 출산 감소로 이어지는 악순환의 구조를 갖는다. 맹모삼천지교의 교육열이 인구 변화와 직결된다는 의미다. 실제로 교육 부재로 인해 농촌에서 도시로의 사회이동은 늘어나고 있는 만큼 교육열이 인구 문제를 야기한다는 이야기는 꽤 설득적이다. 인구밀도가 높을수록 출산율은 낮아지기에 도농 간 교육 격차는 끝없는 인구 감소를 낳는다. 도시가 교육 환경을 독점하는 것이 지역 소멸과 인구 감소의 유력한 배경이란 얘기다.

　교육은 중대한 사회 인프라다. 후속 인재의 교육을 넘어 지역 공동체를 떠받치는 핵심 뼈대다. 의무교육인 초·중·고등학교가 지역 흥망을 가른다. 그 때문에 학교 붕괴는 지역 소멸과 밀접한 인과성을 갖는다. 잘 살던 주민을 내쫓기도, 외지인을 불러모을 때도 학교의 역할은 결정적이다. 지역 활력의 근원 변수인 교육의 약화와 상실은 그 자체로 지역 소멸을 뜻한다. 학교가 사라지면 주민이 떠나가는 식이다. 양질의 교육을 찾아 떠나는 현역 세대의 전출이 이어지며 농산어촌의 마을들은 위기를 맞기 시작했다. 정책 오판 탓이 크다. 학교가 없어지면 지역이 무너진다는 단순한 원리를 깨닫지 못하고 효율성을 내세운 경영 논리만 펼친 결과다.

　1982년 시작된 학교 통폐합(소규모 학교 통폐합)부터다. 농산어촌에서 학생 수 100명 이하 학교를 통폐합한 이래, 폐교 수가 정점이던 1999년에는 폐분교만 798곳에 달했다. 이후 기준을 학생 수 60명 이하로 줄였지만, 농산어촌의 인구 유출은 반복됐다. 시설을 투자하고 교원을 추가로 배치하는 등 집약적 교육 성과를 꿈꿨지만, 결과는 허망했다. '학교 부족 → 교육 불편 → 지역 유출 → 현역 부족 → 인구 감소 → 지역 소멸'의 악순환을 보인 것이다. 아쉽게도 통폐합으로 교육 품질과 서비스가 좋아졌다는 증거는 없다. 오히려 학교를 없애니 인구가 떠나는 불균형과 비정상을 불러왔다.

● 교육 복원으로 지역 활력을 찾은 선행 사례

인구와 교육은 불가분의 관계다. 성공이라는 목표를 좇는 한국에서는 특히 '양질 교육은 계층 이동을 가능케 한다'는 신화가 건재하다. ±70%대의 대학 진학률만 봐도 이를 확인할 수 있다. OECD 평균을 끌어올린 학구열 1위 국가답다. 그 때문에 개별 가구의 의사 결정은 자녀 교육과 밀접하다. 학군과 학원가 등이 지역에서 매우 중요한 의미를 가지는 것이 그 예다. 이는 부동산의 입지 선호와도 직결한다. 이렇듯 교육은 공간을 지배한다. 도시 집중·지역 과소의 인구 문제는 공간 갈등과 일맥상통한다. 결국 교육 개혁은 인구 대응에 앞서 해결해야 할 문제다. 교육 복원이 지역 활성화의 유력 힌트인 것이다.

선행 사례도 이를 뒷받침한다. 폐교 위기에 처한 학교를 복원한 후 인구 유입과 활력 증진을 이룬 지역이 속속 등장한다. 함양의 서하초교는 2019년 14명이던 전교생이 2021년 36명으로 불어났다. 학교로 마을을 되살리자는 지역의 절실함이 민관 협치형 프로그램에 적용되며 이주민 증가라는 성과로 이어졌다. 봉화는 국내 최초의 반려동물 특성화 고교(한국펫고)로 활력을 되찾았다. 폐교 위기를 특화 테마의 아이디어로 극복한 것이다. 재학생 130명 중 118명이 타지 출신이며 최근 2년 입학 경쟁률은 3대 1을 기록했다. 구례·해남·옥천·거창 등도 '학교 복원 → 지역 활력'의 선구 모델이다.

교육이 지역을 되살린 해외 사례도 있다. 일본에서 가장 행복한 동네로 유명한 후쿠이현이 상징적이다. '후쿠이 모델'로 불리는 행복도 1위 지자체다. 그중에서도 압권은 자치 교육을 전면에 내세운 사바에(鯖江)시다. 자치 교육은 시민 주역·지역 문화·혁신 제품·여성 고용과 함께 5대 행복 기반 요소에 포함된다. 지역 맞춤형 자치 교육으로 학교 현장과 지역 재생을 산학 연계로 풀어냈다. 일관된 인재 육성과 충실한 고용 환경으로 청년 직주는 물론 세대 교류를 이끌어냈다. '교육 → 고용 → 정주'의 실현이다. 덕분에 사바에는 '자연 감소+사회이동 증가=플러스'의 인구 증가를 일궜다. 전입 인구는 대개 25~39세다. 이렇다 할 지역 대학이 없어 교육과 취업을 위해 떠났던 청년이 고향으로 회귀하는 예가 많다. 지역성과 향토애를 강조하는 교육이 이를 거든다. 일례로 여고생의 지역 자원 발굴 사업(사바에시JK과)은 동네만의 특산물을 양념장으로 만든 뒤 로손과 함께 샌드위치·주먹밥으로 상품화해 전국에 판매했다. 외지 청년이 전입하도록 학생 중심의 혁신 사업(지역 활성화 플랜 콘테스트)을 펼친 것도 한몫했다. 학교와 학생주도의 자치 교육이라고 교육 품질을 의심할 필요는 없다. 국제적으로 명성 높은 학습 도달도 조사(PISA)에서 일본 국내 1~2위권을 기록했다.

교육 재검토의 선행 조건

효율성만 내세운 만능주의 시대는 지나갔다. 새로운 시대는 달라진 접근을 원한다. 19세기 교재로 20세기 교실에서 21세기 학생을 가르쳐서는 곤란하다. 경직되고 관성적인 인구 대책이 효과를 발휘하지 못하는 것과 닮았다. 다양성의 시대를 뒷받침할 혁신적 접근이 바람직하다. 입시 위주의 중앙 교육은 학교를 통제하기는 좋아도 누구도 만족시키지 않는 유물적 구태에 가깝다.

벚꽃 엔딩으로 불리는 지방대학 몰락이라는 불행은 정밀한 교육 재검토가 얼마나 중요한지 알려준다. 통제 위주의 중앙 주도는 이미 설 땅을 잃었다. 1969~2021년(5월) 3,855개 학교가 문을 닫았다 (지방교육재정알리미). 지역 활력을 높여 인구 회복의 가능성을 맛본 선행 사례의 공통점은 지역 특화에 기초한 자치·참여적 맞춤 교육으로 요약된다. 학교를 단순한 경제 논리에서 사회·문화적 앵커리지로 흡수하며 커뮤니티의 중심 무대로 활용해야 한다. 공적 영역을 장악한 시장 논리의 독주는 당연히 배제해야 한다. 지역 교육의 능력을 함양하고 차별점을 찾는 데 주력하는 것은 물론이다. 지역과 연결된 탄력적이고도 자율적인 맞춤 교육을 할 때 인구 감소·소멸 위기에 맞설 수 있다.

도농 격차는 교육 격차와 겹친다. 인구 불균형의 연결 경로이기도 하다. 따라서 인구 대응의 첫발은 교육 혁신과 맞물릴 때 효과가 있다. 독특한 교육열을 감안하면 우선순위는 더 앞설 수밖에 없다. 학교가 살아야 지역도 웃는다.

지역성이 가득한 교육 자치 실현은 이제 시대적 요구다. 실질적인 지방형 자치분권을 통해 지역 실정에 맞는 교육 정책을 기획·실행하는 게 바람직하다. 그런 다음 자주성·전문성·중립성을 확보하는 교육 자치의 원뜻을 수행해야 지역 문제가 완화된다. 교육청과 단위 학교의 자율성과 다양성을 늘리고, 학교가 지역 공동체의 일원으로

표 7 1969~2021년(5월) 전국 시도별 폐교 현황

구분	서울	부산	대구	인천	광주	대전	울산	세종	경기
	3	45	36	57	14	8	27	2	175
구분	강원	충북	충남	전북	전남	경북	경남	제주	총계
	464	254	265	326	833	732	582	32	3,855

- 출처: 지방교육재정알리미(2021. 5. 1 기준)

그림 23 전국 유치원·초·중·고 학생 수 추이

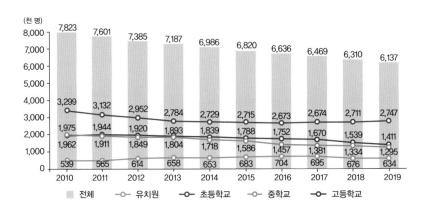

- 출처: 2019년 교육 기본 통계(지방교육재정알리미)

역할하도록 지원해야 한다. 지역·계층·개인별 차이가 큰데도 하나의 교육 시스템만 요구하면 곤란하다. 주민들의 의사와 지역의 욕구를 반영한 혁신 실험은 비대한 행정 체계와 강고한 통제에서 비켜설 때 실현할 수 있다.

학교는 지역을 위한 강력한 잠재력을 지녔다. 드넓은 공간 자원

과 미래의 인적자원까지 가졌다. 지금처럼 교육과 학교를 제외한 지역 활성화는 낭비이자 편견이다. 호흡과 걸음을 맞춰 작지만 꾸준히 혁신해야 지역 행복도와 주민 만족도가 높아진다.

'노동 수입 vs 영구 정주'의
엇박자

■
■
■
■
■
■

영화 〈미나리〉가 쾌거를 이뤘다. 비록 미국 자본으로 만든 영화지만 아카데미영화제에서 윤여정 배우가 여우 조연상을 받으며 전 세계에 한국을 알렸다. 〈기생충〉에 이은 낭보다. 영화는 1980년대에 본격화된 미국행 이민자의 고단한 삶을 스케치했다. 주인공이 한인 이민자를 타깃으로 한국인들이 선호하는 채소를 기르는 과정에서 발생하는 갈등과 반목을 그려냈다. 위험하고 처절한 이민자의 삶을 미나리처럼 질긴 생명력에 투영해 화제를 낳았다.

미국에서 이민은 익숙하고 당연한 일이다. 특별하지 않은 일상사일 따름이다. '인종 용광로'란 말처럼 미국의 역사와 발전 자체가 이민에서 파생된다. 뜯어보면 인종차별을 비롯한 많은 함정이 있지만, 그렇다고 이민 효과마저 부정할 수는 없다. 자연 감소에 맞선 지속적인 이민 증가가 미국 사회의 놀라운 혁신을 이끌어낸 성공 요소인 까닭이다. 인구 감소 한계를 국제 이민 증가로 맞받아친 사례다.

그 때문에 이민 정책은 한국에서도 인구 감소가 거론될 때마다 약방의 감초처럼 소환된다. 인력을 수입해서라도 인구 절벽을 넘어서자는 차원이다. 실제로도 늘었다. 체류 외국인 250만 명에 자녀·귀화 인구까지 포함시키면 300만 명에 달한다. 효과만큼 갈등도 많지만, 분명한 건 이민 인구가 갈수록 늘어난다는 점이다.

한국 정부는 2015년 장래인구추계에서 원래 총인구의 감소 시점을 2028년으로 추정했지만, 실제로는 이미 2021년에 실질적인 인구 감소에 진입했다. 급감한 출산율과 코로나19로 외국인의 국내 유입이 줄어들었기 때문이다. 그런 만큼 이민 카드를 자주 거론한다. 실제 인구 감소에 맞설 유력한 대안 중 이민 정책만큼 실효적이고 즉각적인 선택지는 없다.

대전제는 '인구 감소=잠재 위기'라는 인식에서 비롯된다. 이는 논쟁적인 등식이다. '인구 증가=유효 수요=생산능력'이 유효할지를 두고 의견이 엇갈린다. 예전과 달리 더는 '인구=국력'이 아니라는 반론도 적잖다. 양보다 질로 정책 방향을 바꿔 달라진 시대에 맞서자는 것이다. 경제 발전과 출산 감소는 불가피해서다. 반면 인구는 중대한 생산·소비 주체로 건강한 사회를 유지하기 위해서는 공급을 확대하는 것이 절실하다는 논리도 거세다. 생산가능인구, 경제활동인구의 필요에 무게중심을 두는 쪽이다.

그러나 인구 변화가 새로운 위기와 기회를 동반한다는 방향성과 메시지는 단순하고 명쾌하다. 결국 사회 흥망과 인구 변화는 밀접한 상관관계가 있다고 할 수 있다. 국제 유입의 유효성과 부작용을 넘어 이민 확대가 세계적 표준 정책이란 점도 고려해야 한다.

◐◑ 미국 · 캐나다 · 독일 등 이기적 이민 확대로 성장 유지

미국뿐 아니라 인구와 이민을 선택지로 삼은 국가가 많다. 저성장과 인구 문제를 타개하는 '이민 확대 → 인구 유지' 셈법은 서구 사회의 공통 경험이다. 적어도 경제적 효능감과 탁월성은 공감된다. 사실 미국보다 드라마틱한 이민 성과를 낸 곳은 캐나다다. 이민 정책으로 경제성장과 사회 발전을 이뤘다는 호평도 있다. 덕분에 인구의 20%가 국제 이주로 유입되었다. 토론토는 인구 중 절반 이상이 이민자일 정도다. 캐나다는 인구가 3,600만 명에 불과한데 매년 25만 명 정도의 이민을 받아들인다. 출산율이 1.61명이니 인구 증가의 상당량이 이민 몫인 셈이다. 따라서 '인구 감소 → 노동 부족 → 재정 악화 → 부양 부담'의 악순환을 '이민 확대 → 노동 공급 → 재정 확충 → 부양 경감'으로 풀어낸 것으로 볼 수 있다.

이민 인구의 요구 조건은 까다롭다. 전문 기술과 언어능력 등을 종합 평가해 취업 역량을 갖춘 사람만 받아들인다. 당연히 전문직일 확률이 높아 동북아와 유럽 출신 이민자가 많고 동화도 잘된다. 먼저 온 가족이 본토에 있는 식구를 불러오는 단순한 이민 유형과는 다르다. 캐나다는 코로나19 이후 경기회복용 노동력을 확보하기 위해 이민 허들을 더 완화했다. 과감하고 공격적인 이민 확대로 경제 정상화를 꾀한 것이다. 이민 쿼터도 늘릴 계획이다. 안정적으로 인력을 수급하기 위한 유일한 대안이 이민인 까닭이다.

그렇다면 반이민 정서가 강하다는 독일은 어떨까. 난민 수용에 대해 격한 논쟁을 벌였던 걸 감안하면 필요한 인적자원에 한정한 '이기적 이민 정책' 혐의는 피하기 어렵다. 독일은 전체 인구 중 10.2%(2019년)가 이민자다. 2010년부터 고학력자에 대한 이민 허들을 하향 조정해 해외 전문 인력 유입에 적극적으로 나섰다. 이후 10년간 600만 명이 들어왔다. 출산율을 높일 수 없다면 외국 인력으로 채우는 게 즉효 약이란 처방에 따른 것이다. 유럽의 병자에서 EU의 원톱으로 변신한 계기도 강력한 이민 정책과 결부된다. 이는 독일 특유의 제조 파워와 연결돼 경쟁력과 혁신성을 높이는 데 기여했다. 물론 집값 급등과 테러 위협 등 갈등 여지는 숙제로 남았다.

그림 24 미국의 이민·주민별 출산율 추이(2008-2019)

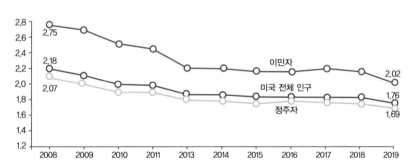

- 출처: 2008년부터 2019년까지 American Community Survey의 공공 이용 파일(2012년 제외).

●● 서구와 다른 일본의 반면교사 '민족주의 장벽'

이민 사회였거나 EU처럼 역사 경험을 공유한 국가의 사례를 아시아에 적용하기는 어렵다. 민족주의와 유교 기반의 핏줄 의식이 강한 한·중·일의 이민과 단순 비교해서는 안 된다. 상징적인 사례가 일본이다. 일본에서는 반감이 매우 심해 이민 정책이란 말 자체를 삼간다. '재류 자격 확대 정책' 정도로 순화한다. 2000년 '21세기 일본 구상'에서 더 많은 외국인을 받자고 했지만, 총리가 교체된 후 총대를 메는 이는 없었다. 2008년 인구가 줄어들자 자민당에서 '이민 입국' 카드를 내놨으나, 없던 일로 치부됐다.

그럼에도 일본행을 선택하는 외국인이 많다. 일본의 체류 외국인은 2020년 6월 기준 288만 명이다. 8년 연속 늘었다. 다만 비중은 낮아 총인구의 2.24%에 불과하다. 5%에 육박하는 한국의 절반 이하다. 규모는 영주권자·기능 실습생 순서다. 단 외국인 노동자 중 절반은 기능 실습생이다. 기술 취득을 이유로 일본에서 최장 5년까지 체류할 수 있는 자격이다. 농촌·건설업 등 저임금노동을 맡는다. 중국·한국(조선)계가 1~2위인데 2017년부터는 베트남이 3위로 올랐다.

이민을 둘러싼 배타성은 꽤 공고하다. 이민자를 국민이나 이웃으로 보기보다 단순한 수입 노동자로 여기니 정주 개선보다 체류와 노동만 강조한다. 언어·문화·관습의 차이를 받아들이지 못하는 폐쇄성이 지배하기 때문이다. 외부자로 배제하니 차별은 자연스럽다.

경직되고 보수적인 일본 문화와 위협적인 이민 현실이 부딪힐 수밖에 없다. 그럼에도 최근 문호가 확장되었다. 노동 부족이 위험수위를 넘긴 이후다. 일할 사람이 없어 휴업이나 폐업하는 곳이 많고, 간병 일손은 항상 부족하다. 그런 이유로 2018년 출입국관리법을 개정해 외국인 노동자의 근로 기간을 최장 5년으로 늘렸다. 이후 10년을 넘긴 장기 체류자에게는 생활인 신분을 주어 사실상 이민을 허용했다. 뒤이어 2025년까지 블루칼라 외국인을 30만 명 받아들여 일손 부족을 해소할 것이란 전략까지 밝혔다.

그러나 뜯어보면 싸늘한 여론이 냉엄한 현실을 이긴 듯하다. 대개 일손이 부족한 단순노동을 단기 충당하는 수준인 탓이다. 준이민의 취업 비자를 확대했지만, 전문화·능력에 따른 차등 대우로 이민 문턱은 여전히 높다.

●● 한국형 이민 확대? '경제적 이익 vs 사회적 갈등'

한국의 인구 감소는 최고령사회인 일본보다 급경사를 이룬다. 가파르다 못해 무너질 지경이다. 출산율(0.84명)은 열도 침몰론이 나오는 일본(1.37명)보다 턱없이 낮다(2020년). 이대로면 인구 감소에 따른 사회 위기가 현실화된다. 인구 유지에 사활을 걸 수밖에 없다. 이때 이민 정책은 강력한 유인 체계로 부각된다. 가장 손쉽고 빠르게 효과를 볼 수 있는 노동(인구) 공급책인 까닭이다. 그 때문에 정치권에선 잊을 만하면 이민 정책이 도마에 오른다. 잘만 되면 대응 체계로도 손색이 없다. 상당한 기대 효과 덕분이다.

실제 2019년 자연 감소가 시작됐음에도 총인구는 국제 유입 때문에 줄어들지 않을 것으로 예상했었다. 하지만 돌발 변수인 코로나19까지 맞물리며 '자연 감소 후 일정 시간을 갖고 총인구가 줄어든다'는 선진국의 선행 현상은 한국에는 먹혀들지 않게 됐다. 240만 명까지 늘어난 체류 외국인의 파워가 지지부진해진 결과다. 중위 연령의 고령화(1997년 30세 → 2021년 44세)를 보면 지금의 정년 제도는 거대 인구를 조기 강판시키는 데 가깝다. 이 간극을 메워줄 유력한 대안이 이민 정책이다. 서구 사례의 벤치마킹을 넘어 난제 돌파의 현실적 묘수일 수 있어서다.

모든 정책에 호불호가 엇갈리듯 이민 정책에도 조율과 타협은 필수다. 당연히 쉽지 않은 문제다. 현실 대안으로 진지하게 고민해봐도 경제적 이익과 사회적 갈등은 처음부터 부딪힌다. 장밋빛 전망만큼 암울한 음모까지 거든다. 그만큼 이민 정책은 공론화하기 어렵다. 그런 이유로 이민 정책은 꽤 보수적이다. 기대 효과만큼 갈등에 민감한 구조다. 검열적 회피 성향이 발휘돼 답보 상태를 반복한다. 이슈가 있을 때마다 제도는 조금씩 바뀌나, 실질적 변화는 크지 않다. 과감한 정책 실행보다 부처 의제에 그친다.

역시 냉담한 여론 탓이다. 이는 일본과 꽤 닮았다. 순혈주의적 민족의식이 강해 외국인에 대한 배제감이 짙다. 빈국 출신자는 대부분 환영받지 못한다. 돈 벌러 온 단순노동자란 프레임과 함께 경제적 빈곤, 문화적 갈등, 사회적 분리를 당연하게 받아들인다.

각종 조사를 봐도 외국인 노동자를 사회 구성원으로 받아들이지 않는다는 의견이 지배적이다. 따라서 체류 외국인의 다수는 이방인 신세다. 주류 사회에 합류할 기회도 희망도 사실상 차단된다. 갈수록 문제는 더 복잡해진다. 다문화 가정을 필두로 이민 2세는 부모와 달리 한국에 살고 자신이 당연히 한국인이라 여기지만, 외부 시선은 따갑기 그지없다. 유·무형의 차별은 공고하다.

◑ 그럼에도 인구 유지라면 '노동 수입 → 영구 정주'

이민 관련 찬반 갈등은 오해와 착각에서 비롯된 것이 적잖다. 대부분 이민 정책을 영구 정주보다 노동 수입으로 해석해서다. 인구를 유지하기 위한 수단(노동 수입)과 지향(영구 정주)을 분리해 바라본 결과다. 서구는 '노동 수입=영구 정주'가 일반적이나, 한국은 그렇지 않다. 그 때문에 '잠깐 머물다 돌아갈 사람'에 방점을 찍는다. '이민 정책=노동 수입'이라는 선입견이 그렇다. 이민은 원래 타국에 뼈를 묻을 의지와 능력을 중시한다. 전문 인력 등은 특히 반긴다.

반면 한국은 고급 인재라도 단기 체류가 많다. 결국 중요한 건 배타적 노동 수입을 넘어 융합적 영구 정주를 위한 이민 정책의 수립과 실천이다. 이민이 일자리를 뺏는다는 가설도 감정론일 따름이다. 선행 연구를 종합하면 이민에 따른 고용 경합은 거의 없다. 일자리 자체가 달라서다. 줄어드는 일자리는 이민이 아닌 기술혁신 때문일 확률이 높다.

역으로 이민으로 일자리가 늘어난다는 분석도 있다. 미국의 혁신 기업 상당수가 이민 인구에서 비롯된다는 것이 증거다. 마찬가지로 이민 덕에 되레 재정이 좋아진다는 연구가 있다. 연금 제도의 지속 가능성은 이민자의 경제활동에 비례하기 때문이다. 이민 카드가 유효하다면 갈등을 해소하는 노력을 기울여 인식과 현실의 괴리가 만든 엇박자를 없애는 게 먼저다.

인구 규모를 유지하며 노화 속도를 조절하는 사회는 공통적으로 이민을 확대했다. 신중하게 접근하는 것은 좋으나 시간이 제한적이다. 저출산을 되돌릴 능력과 여유가 없다면 눈앞의 이민 대안을 충분히 고려해봄직하다. 장·단기별 효과와 갈등의 분석으로 대응하는 게 좋다. 갈등이 무섭다고 쇄국을 주장할 수는 없다. 수용성을 높여 한국 사회의 매력도를 높일 때 미래 지향적인 지속 가능성을 확보할 수 있다.

통일되면 인구 문제 해결?
전강 후약의 인구학적 딜레마

한국은 지정학적 특수성에 큰 영향을 받는다. 가령 남북이 대치하는 갈등 환경은 증권가에서 거론되는 코리아 디스카운트의 근원 변수다. 십중팔구 리스크라 주가는 덜 오르고, 이자는 더 쳐주는 근거가 된다. 갈등이 증폭된 후엔 요동치는 불확실성이 일상사다. 신용 평가에선 국가 신인도를 갉아먹는 평가절하도 당연시된다. 심지어 신흥국보다 코리아 디스카운트가 범위와 강도 모두에서 넓고 깊다. 그러므로 지정학적 위험을 제거하는 것은 한국의 미래를 논할 때 필수 변수다. 정점에 통일 이슈가 있다. 작게는 제값을 받기 위해, 크게는 민족 당위를 위해 통일은 의제화된다.

지금은 일자리 무한 쟁탈전이 버겁지만, 인구 변화가 빨랐던 일본을 보면 생산가능인구의 감소는 경제 활력을 떨어뜨린다. 인구 감소를 단번에 전환하진 못해도 속도와 범위나마 제한하는 게 중요하다. 그러나 현실은 어렵고 힘들다. 노동 확보책(출산 회복, 정년 연장, 여성

근로, 이민 확대, 로봇 활용) 중 만만한 건 없다. 그래서 기대는 게 통일이다. 북한 인구가 편입되면 인구 감소가 해결될 것이란 기대감 때문이다. 과연 그럴까?

⬤ 덜 낳고 더 늙는 북한의 인구 동태 '만만찮은 구조 변화'

북한의 인구통계는 베일에 가려져 있다. 정기적인 실태 조사가 없을 뿐더러 대외 전략 차원에서 관련 통계를 축소·왜곡한다는 혐의가 짙다. 따라서 북한 인구의 추세 변화는 단편 정보를 취합하고 분석해 얻은 추정치에 가깝다. 그럼에도 참고 자료로는 충분하다. 결론부터 간추리면 북한 인구의 구조 변화는 한국 못지않다. 저출산·고령화가 심각하다는 얘기다. 외신에 따르면 국부 격차에도 남북은 놀라울 만큼 인구 변화 제반 양상이 닮았다.

물론 북한은 한국처럼 인구학적 위험 수위를 넘진 않았다. 단 큰 규모와 빠른 속도로 인구 변화가 진행돼 만만찮게 부담이 된다. 방치하면 한국처럼 절망적인 함정에 빠질 터다. 한국과 달리 방향을 선회하는 데 필요한 자원이 부족해 손쓸 여지가 적다는 점도 위험을 더한다.

몇몇 자료로 북한 인구의 구조 변화를 살펴보자. 북한은 1993·2008년 인구센서스를 실시했고, 2014년엔 간이 조사로 대체했다. 이것이 사실상 공식 지표의 전부다. 이를 토대로 국제 정보기관과 학계 연구자 등이 분석한 추정치가 대부분이다. 통계청(북한통계포털)도

북한 인구를 커버하나, 기준치가 들쑥날쑥해 일관성은 떨어진다. 요약하면 북한 인구는 2020년 2,537만 명으로 예상된다. 아직은 통계상으로는 증가 국면이다(1993년 2,110만 명).

반면 최근 20년에 걸쳐 인구 정점을 찍고 감소하기 시작했다는 분석도 있다(로이터). 은폐된 징병연령 남성인구와 대기근 사망 숫자(약 100만 명)를 반영한 추정치다. 일부에선 2010년 2,000만 명대로 후퇴한 후 줄곧 감소세를 보인다는 주장도 있다(주성하, '인구 450만이 부풀려진 북한 식량위기의 진실', 동아일보, 2019.05.20) 공통적으로 이야기하는 건 인구 대체선(2.1명) 아래로 떨어졌다는 사실이다. 추정으로는 2005년 2명에서 2020년 1.92명으로 줄었다(2020·CIA). 피임과 낙태를 금지했음에도 저출산이란 건 녹록지 않은 상황을 말해준다. 낳아 기를 만한 환경이 아닌 까닭이다. 한국과 달리 국제 유입을 통한 인구 확보책도 마뜩잖다. '자연 감소=인구 감소'가 빨라질 수 있다는 얘기다.

그렇다면 고령화는 어떨까. 고령화율을 보면 한국은 2018년 14%를 돌파, 고령사회에 진작 들어섰다. 2019년 15.92%까지 가파른 상승세다. 후속 출산 급감과 고령인구 급증이 만들어낸 날 선 기울기다. 반면 북한은 9.65%에 불과하다. 고령화사회(7%)지만, 고령인구는 한국보다 적다. 노령화 지수(65세↑/0~14세)도 북한(47.1%)이 한국(124.6%)보다 낮다. 유소년인구가 고령인구보다 2배 이상 많다는 의미다. 즉 노년 부양비가 한국의 2분의 1 수준인 셈이다. 마냥 좋은 신호는 아니다. 낮은 평균수명이 고령화율을 떨어뜨려서다.

북한은 1991년 기대 수명이 사상 최고치를 기록했다(남 71세·여

77.6세). 이후엔 정치 변혁과 자연재해로 사망률이 급증했다. 1998년의 경우 ±10년이나 떨어졌다(남 61세·여 68.6세). 식량난이 몰고 온 1996~2000년 고난의 행군기 탓이다. 2019년엔 다소 회복됐다(남 67.7세·여 75.6세). 그래도 한국과는 ±10년 차이다. 한국(남 79.4세·여 85.9세)은 선진국 중에서도 상위 수준에 랭크된다. 북한의 기대 수명이 현재 추세를 따른다면 고령화율은 높아질 수밖에 없다. 경제 제재를 둘러싼 상황 변화가 관건이지만, 추세로는 고령사회 진입은 시간문제다.

●● 통일 이후 인구학적 대응 셈법 검토 필요

남북은 인구구조가 꽤 닮았다. 덜 낳고 더 늙는 트렌드는 정도에 차이만 있지 추세는 비슷하다. 경로도 유사하다. 북한도 1970~1995년에 출산 억제를 실시했고, 이후 출산 장려로 돌아섰다. 그나마 2002년 시작한 출산 장려는 한국보다 몇 년 빨랐다. 그럼에도 불황과 재난 탓에 출산은 지지부진하다. 가중되는 양육·교육 부담이 출산을 가로막는 건 아이러니하지만 남북의 공통된 현상이다.

경제활동의 허리 집단이 퇴직 연령에 근접한다는 점도 비슷하다. 북한은 출산 피크(인구 코호트)를 찍으며 산아제한 근거가 된 1972년생(48만 명)이 50세 턱밑까지 다가섰다. 기대 수명과 건강 여명 모두 낮기에 생산 활동을 책임질 날은 곧 끝난다. 북한은 베이비부머(1954~1973년생) 덕에 출산율 2명 언저리를 최근까지 지켜냈으나, 이들이 은퇴하면 열악한 경제와 복지 상황을 볼 때 충격은 더 커질 전망이다.

물론 아직은 여유롭고 한국보다 낫다. 통일이 한국의 인구 문제를 해결해줄 메리트로 거론되는 배경이다. 실제 북한은 젊다. 2019년 34.6세의 중위 연령은 한국(43.2세)보다 낮다. 출산율도 아직 괜찮다. 가임 여성(15~49세)은 1960년 319만 명에서 2010년 660만 명으로 피크에 달한 후 좀 줄었어도 649만 명(2020년)을 기록했다. 따라서 충격적인 인구 변화에 따른 제반 갈등을 줄여줄 것이란 낙관론은 논리적이다.

북한의 보유 자원이나 개발 여지와 한국의 숙련·고도 기술이 결합되면 저평가 해소부터 국제 경쟁력 강화도 기대된다. 냉전 종식이 경제 활황을 낳았다는 경험도 설득력 있다. 그럼에도 장밋빛 전망대로 실현될지는 미지수다. 적어도 인구학적 통일 효과는 제한적일 전망이다. 한국보다 정도와 강도가 약할 뿐 북한도 인구구조의 대전환기에 들어섰다. 고려할 변수가 많아 조심스럽지만, 북한도 한번 꺾인 출산율을 되돌리기란 어려운 일이다. 통일 특수로 경기가 좋아져도 '소득 증가=출산 감소'라는 인구 이론이 현실화될 수 있다.

인구 문제로 본 통일 이슈는 신중한 편이 좋다. 비용을 줄이고 효용을 늘리려면 꼼꼼한 편익 분석과 철저한 상황 대응이 중요하다. 당위론에 빠져 현실론을 놓치면 곤란하다. 남북통일이 인구 충격을 완화할 수는 있으되 전환시킬 확률은 낮다. '아직' 버티는 북한 인구가 '이미' 꺾인 한국 인구와 만나 평균치는 개선해도 지속되기는 어렵다.

독일이 통일된 후 동독의 출산율이 급감했다. 그러므로 북한 출산율이 높아질 것이란 증거는 없다. 북한 인구의 남한 이주 효과도 재고해봐야 할 대상이다. 북한 인구의 남하 비율이 높아질수록 GDP·소비 등 실물 지표는 악화될 것으로 분석된다(김재현(2018), 〈북한 인구 남한 유입의 사회경제적 효과 분석〉, 통일문제연구소 30권 1호).

그림 25 남북한 인구 관련 통계 비교 1

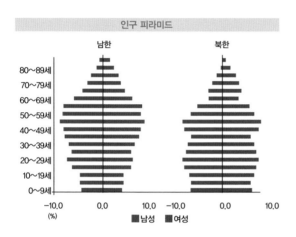

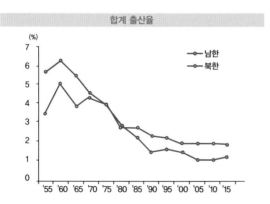

- 출처: 보험연구원(2015)

그림 26 남북한 인구 관련 통계 비교 2

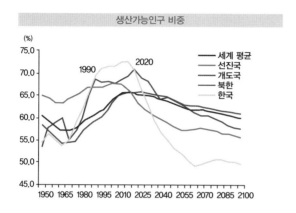

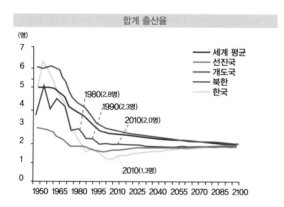

- 출처: 한국은행(2015)

반면 복지 비용은 늘어난다. 남하 인구용 시설 확충과 생활 보장은 재정 지출로 연결된다. 시장형 고용 창출에는 시간이 걸려 일시적 재정 지원은 불가피하다. 이주 억제를 택해도 잔류 주민을 위한 재정 지원은 필수다. '인구 문제+통일 효과'에 꼼꼼한 셈법이 필요한 이유다.

기업, 인구 문제 해결사로
떠오르다

-
-
-
-
-
-

인류는 위기를 기회로 바꾸곤 했다. 종말을 떠올렸을 전쟁·질병·기근 등도 큰 충격을 주었지만, 지나고 보면 그런대로 잘 이겨냈다.《인구론》의 맬서스가 이를 훗날 3대 덫이라 칭하며 인구 감소(출산 억제) 정책의 동기로 삼았지만, 역시 힘 있게 극복하며 오늘에 이르렀다.

그러나 다시 인구 감소라는 위기가 찾아왔다. 세계 공통의 문제지만 유독 한국에 타격이 크다. 다시 한번 강조하지만 결혼·출산의 1순위 고민거리인 경제력의 회복과 강화가 필요하다. 포인트는 '누가, 어떻게'로 요약된다. 여기서부터 엇갈린다. 인구 문제는 정치권의 해결 과제란 이미지가 짙다. 사민주의 복지 대국까진 아닐지언정 인구 관련 문제는 대부분 정부의 일로 통한다. 유럽·미국의 이민 정책이 정치 리더십별로 바뀌는 이유도 여기에 있다. 출산·간병을 GDP와 함께 3대 최우선 정책 의제로 상향한 일본(아베노믹스 2.0) 사례도 '인구 문제 → 정책 해법'식 사고 체계를 반영한 결과다.

그럼에도 효과는 미약하다. 룰(법률)과 돈(재정)을 모두 쥔 정부지만, 문제 해결은 요원하다. 정책 무용론이 커진 한국처럼 더 꼬여버린 결과마저 펼쳐진다. 전형적인 정부 실패의 의심은 확대된다. 인구 정책이 재정 악화·후속 부담·관료주의·제도 경직 등 시장에 맡겼다면 발생하지 않을 비효율적인 제도 실패를 반복하고 있기 때문이다.

● 일자리를 쥔 기업, '인구 해결사'로 등판?

그렇다면 과연 대안은 뭘까. 정부만큼 강력한 에너지와 잠재력의 유일무이한 혁신 주체는 기업일 수밖에 없다. 인구 문제를 풀 유력한 해결사다. 해결 능력과 혁신의 경험을 두루 갖췄기 때문이다. 보유 자원과 연결 자산이 탄탄해 정부보다 더 가성비 좋은 결과를 이끌어낼 수 있다. '인구 증가=경제성장'과 '인구 감소=사회 쇠락'이라는 기본 공식은 결국 '고객 감소=기업 불황'을 뜻하기에 이해관계도 맞다. 기업가 정신의 내재화로 익힌 혁신 경험을 활용하면 효율성과 지속성도 얼마든 기대할 수 있다.

물론 바람직한 건 민관 협치적 해결 방안이다. 제각각 특장점을 발휘해 협력하면 강력한 추동 엔진을 확보할 수 있다. 이를 위해서도 '정부 주도 → 기업 참여'의 중심 이동은 전제 조건이 된다. 기업도 인구 문제를 경제적 활용 기회를 넘어 사회적 지속 토대로 확대해 접근하는 게 좋다. 사회가 흔들리면 사업도 지속할 수 없다. 지속 가능 개발 목표(SDGs)를 비롯해 최근 강조되는 사회성 강화 요구는 기업의 자선이나 시혜가 아닌 숙제와 책무란 인식에서 출발한다. 이윤 중심적 기업 행태가 낳은 환경 파괴·지구 부하 문제를 단편적 공헌 활동으로 포장하는 것에 대한 반성도 힘을 얻는다.

자본시장이 ESG를 기업 평가의 핵심 잣대로 보려는 것도 같은 맥락이다. 인구 문제도 그렇다. 자본·정보의 독점화가 사회적 불평등과 양극화를 심화시켰고, 이로써 후속 세대의 출산 파업이 늘었다는 점은 부인하기 어렵다. 심화된 고용·소득 불안을 품으며 결혼과 출산을 택할 MZ세대는 없기 때문이다. 요컨대 시장 실패야말로 인구 문제의 토대에 가깝다고 할 수 있다. 따라서 후속 세대에게 손해를 주는 외부 불경제를 이익을 주는 외부 경제로 전환하는 것은 시대의 과제일 수밖에 없다.

실제 그간 기업은 일자리를 통한 고용 제공만으로 책임을 다했다는 인식이 강했다. 그러나 더 이상은 아니다. 내부·단기 중심적 주주 당사자(stockholder)에서 벗어나 외부·장기적 이해관계자(stakeholder)로의 방향 전환이 요구된다. 즉 경제적 책임을 넘어 법적·윤리적·자선적 책임이 강조된다. 지속 가능성을 훼손하고 사회 갈등을 유발하는 인구 문제를 방치하는 데서 적극적 개입으로 돌아서라는 요구다. 문제 기업은 불매와 탈퇴로, 애정 기업은 '돈쭐'과 독려로 윤리·공정 소비에 올라타게 해야 한다. 눈앞의 이익보다 사회의 미래를 챙길 때 위대하고 윤리적인 기업이라 보기 때문이다.

● 기업이 인구 해결사인 이유 '고용은 비용이 아닌 투자'

성장은커녕 생존조차 불확실한 시대에 기업에게 인구 문제를 해결하라는 요구까지 하는 건 적잖이 어려운 주문이다. 실제 볼멘소리도 많다. 가뜩이나 신경 쓸 게 부지기수인데 인구 문제마저 품으란 건 억지 요구일 수 있다. 단 넓고 길게 볼 필요가 있다. 고객이 없으면 매출은 없다. 영·유아와 학생 등 저출산에 따른 고객 감소에 직격탄을 맞은 연령 산업의 경고는 구체적이다. 구조 조정이나 사업 재편과 함께 근본 원인인 출산 증가를 간절히 바랄 수밖에 없다. 아직은 MZ세대로 한정되나, 갈수록 전체적인 인구 감소형 매출 하락은 기정사실이 된다. 정부 몫이라고 외면하기엔 영향력이 꽤 포괄적이며 시장 전체를 재편할 거대한 변화의 흐름이다.

따라서 기업이 인구 해결사로 나서는 건 어쩌면 당연한 듯 보인다. 꽤 전략적인 접근임과 동시에 두 수 앞을 내다본 현명한 포석이다. 즉 인구구조의 양적·질적 변화야말로 기존 고객·욕구·소비 양상을 뒤흔드는 대형 변수란 점에서 기업이 전략을 수정하는 것은 자연스러운 일이다. 기업의 생존과 성장은 시장과 고객에 달렸다. 인구가 뒷받침해야 시장이 열리고 기업도 먹고산다. 기업의 고민이 고객 확보란 점에서 인구 문제에 사활을 거는 건 옳고도 바람직하다. 시선은 높게, 보폭은 멀리 가져감으로써 이해관계자로서 사회적 책임과 함께 이익을 내는 본능 실현이 가능해진다. 기업이 인구 해결사로 등판하는 것은 습관처럼 부르짖는 눈앞의 고객 확보를 벗어나 광의의 고객 공급에 공을 들이는 그랜드 비전이다. 명분과 실리를 함께 챙기는 묘수라 할 수 있다.

기업은 인구 문제 해결사로서 필요한 자질과 능력을 두루 갖췄다. 차라리 정부보다 더 효율적이고 직접적인 파급력을 지녔다. 노동 공급은 가계가 맡지만, 그 가계를 움직이는 원동력은 기업이 책임진다. 실제 기업은 강력한 이해관계자답게 지속 가능한 사회를 위한 다양한 역할에 익숙하다. 사회를 유지하는 데 필요한 수많은 자원을 생산·연결하는 공급 엔진과 같다. 한국은 정부 복지의 기업 위탁형, 이른바 기업 복지를 통해 성장해온 사회로, 정부형(보편 복지)과 시장형(선별 복지)의 언저리에서 기업에 복지를 맡기는 시스템을 운영해왔다. 고도성장을 위한 한정 자원의 배분 전략이 낳은 맞춤형 복지 시스템이 탄생한 배경이다.

복지 책임을 떠안은 기업에는 성장을 되돌려줬다. 정책 금융부터 시장 개척까지 다양한 특혜와 배려를 제도화했다. 이로써 취업이나 근속만으로 복지가 저절로 해결되는 기업 복지는 완성됐다. 고도성장기답게 노동력은 모자라고, 매출은 늘었으며, 임금은 올라가니 '취업 → 결혼 → 출산 → 승진 → 은퇴'는 상식이었다. '젊음'이란 위험 자산은 기업 복지와 만나 '가족 결성'을 안전 카드로 만들어줬다. 생애 주기별 복지 이슈인 주거·교육·의료·노후 복지의 위험은 매년 늘어나는 기본급에 연동되는 각종 수당으로 자연스레 메워나갔다. 기업 복지가 유효했을 때만 해도 결혼과 자녀 출산은 무난했고 손쉬웠다.

지금은 빠르게 기업 복지가 사라진다. '고용=비용'이라는 인식이 확대되면서 정규직마저 복지 붕괴로 고전한다. 이 와중에 가족 결성은 정합성을 잃는다. 복지를 둘러싼 기업의 변심과 정부의 무능은 인구 문제를 외면하고 방치한다. 주지하듯 최선의 복지는 일자리다. 복지가 해결되면 불확실성은 줄어든다. 앞날이 보이면 가족 분화와 자녀 출산은 수월해진다. 이것은 기업의 고객 확보에 직결된다. 즉 '고용은 비용이 아닌 투자'란 등식이 절실하다. 기업 복지가 해결책이던 시절로 돌아갈 수는 없지만, 그 힌트에서 배울 건 적지 않다.

◖◗ 인구 균형으로 미래를 모색할 때

지속 사회 없는 기업의 성장은 공허한 메아리일 따름이다. 그렇다면 기업은 인구 문제를 해소해 기회와 미래를 타진하는 현명한 능력자가 되어야 한다. 익숙하진 않겠으나, 분위기는 무르익었다. 사회는 더 넓고 깊게 다양한 문제 해결의 새로운 주체로서 기업을 바라본다.

정부가 판을 깔고, 기업이 밑그림을 그리며, 가계가 채색하는 협력 체계로 인구 문제에 접근해야 한다. 경험이 있을뿐더러 필요와 능력도 충분하다. 지금 전 세계는 한국의 인구 변화를 면밀히 관찰한다. 이토록 짧은 시간에 극심한 변화를 겪고 인류 역사상 전무후무한 신기록을 세운 국가로서 반면교사 역할을 하기 때문이다. 새로운 변화가 전에 없던 갈등을 낳는다면 과거의 익숙한 방식으로 접근해서는 곤란하다.

이미 기업은 ESG를 필두로 새로운 역할 수행에 나섰다. 온실가

스를 배출하지 않겠다는 넷제로(Net zero) 선언처럼 역할 전환에 대한 요구는 갈수록 거세진다. 하면 좋고 안 해도 그만이란 수준은 넘어섰다. 하지 않으면 살아남기 힘들어진 시대 압박의 결과다. 그 때문에 기업의 사회적 책임은 갈수록 확대될 수밖에 없다. 환경을 비롯한 지구 과부하의 책임 주체를 넘어 지속 가능 사회를 만들기 위해서는 인구 문제도 고려할 수밖에 없다.

일부지만 몇몇 기업은 일찌감치 인구 해법을 자사 정책으로 편입·운영한다. 강압이 아닌 자발적인 사회문제 해결 노력이라 주목된다. '직원 만족=매출 증진'을 염두에 둔 것이라 할지언정 비용 대비 직접 효과는 제한적이라 도입 취지가 훼손될 이유는 없다. 가령 H사는 다자녀 정책을 정식으로 채택했다. 신입 직원에게 4명 출산을 권고하는 것은 물론 3자녀부터는 출산 장려금을 지급한다. 6개월 육아휴직은 의무다. 출산휴가 90일과는 별도다. 자녀 수와 무관하게 대학까지 학자금도 지원해준다. 정도 차이는 있지만, 갈수록 출산 장려를 회사 방침으로 채택하는 기업이 증가하고 있다. 결혼·출산 장려금은 상식에 가깝다. 또 난임 지원·육아휴직·보육 확충·주거 지원 등 저출산에 따른 생애 주기별 지원 제도를 강화한다. 유연 근무·확대 휴가는 일반적이다. 육아기에 한정한 신축·단축형 재택근무제도 운영한다.

기업 시선이 다양화되면서 인구 변화의 새로운 기제로 떠오른 사회이동도 가시권에 들어선다. 일례로 N사는 농촌 지역 초등학교에 도서관을 짓는 공헌 활동을 해왔다. 대신 장기간 운영하자는 전제 조건을 달았다. 학교 통폐합 원칙에 따라 학생 수가 줄면서 폐교될 위기에 처한 학교가 기업과의 유지 약속 탓에 가까스로 살아남았다.

물론 기업 주도형 인구 대책은 한계가 많다. 유인책이 약하거나 허울뿐인 제도라면 더 그렇다. 실제로 양질의 고용이 결혼·출산을 떠받치나, 이것이 반드시 양립 조화와 가족 결성으로 완성되지는 않는다. 낳아 기르라는 신호와 승진하고 싶어 하지 않는 심리적 모순도 상존한다. 회사 조직의 양면성이 갖는 딜레마다. 그럼에도 폄하할 이유는 없다. 안 하는 것보다는 하는 편이 훨씬 낫다. 축적되면 성과도 기대된다. 중요한 건 진정성과 구체성이다.

이제 인구 대책에도 달라진 시선과 새로운 주체가 필요한 때다. 기업은 유력한 실행 주체로 제격이다. 만능열쇠는 아니지만, 상당 부분을 해결할 수 있다. 그렇다면 인구 감소에 따른 디스토피아에 함몰될 이유는 없다. 지금까지 어떠한 우울한 예측도 잘 넘겨왔듯 경고는 받아들이되 순항하도록 노력하는 것이 필요하다.

거세지는 혁신 기술
'로봇이 인구 문제를 해결할까'

인구는 생산과 소비의 핵심 주체다. 그 때문에 인구 감소는 국부를 훼손하는 주요 근거로 해석된다. 적당해야 잘산다는 적정인구론처럼 반론도 있지만, 원래부터 인구가 적었던 북유럽 강소국과는 결이 달라 현실 비교는 어렵다. 반면 중국과 인도처럼 대국 논리를 말할 때 빠지지 않는 게 '인구=국력'의 등식이다.

그렇다면 인구 감소가 시작된 한국은 꽤 불리해진다. 인구 보너스를 업고 겨우 선진국이 됐는데, 그다음 도약 엔진이 변변찮아서다. 고전적인 생산함수(Q=f(L, K), 일정한 기간에 투입한 생산 요소의 양과 산출된 생산물의 양 사이의 기술적 관계를 나타내는 함수)를 소환하면 자본(K)·노동(L) 모두 목에 찼다. 투입할 게 없으니 생산될 여지도 별로 없다.

힘들지만 방법이 없지는 않다. 총요소생산성(TFP, 노동이나 자본 장비의 추가 투입 없이 달성한 경제성장)처럼 자본과 노동이라는 전통 요소 이외에서 기여 요인을 발굴·강화하는 방식이다. 눈에 보이지 않는 무형의 기술 진보·혁신 체계·제도 변화 등이 그렇다. 선진국도 전통 요소의 제한 속에서 혁신 모델로 총요소생산성을 높이며 경제성장을 일궈내는 흐름세다. 즉 기술혁신은 인구 감소를 딛고 부가가치를 유지하고 향상시킬 주요 변수다. 출산 폭락과 인구 변화에 맞설 해법 중하나로 로봇 활용에 주목하는 이유도 여기에 있다.

로봇을 굳이 인간을 대체할 유형적 존재나 개념으로 축소할 이유는 없다. 편의상 로봇이라 쓰나 혁신 기술 모두를 아우른다. 혁신 기술의 종착점이 있다면 독립·사고형 로봇일 확률이 높아 대표성은 충분하다. 혁신 기술로 불리는 인공지능(AI), 빅데이터, 블록체인, 클라우드는 물론 가상(VR)·증강(AR)현실 모두 로봇화로 봐도 무방하다. 특히 인구 측면에선 구조 변화의 대체 차원에서 로봇 활용이 자주 거론된다.

실제 로봇화는 단기간에 확장되어 생산과 소비의 새로운 풍경을 연출한다. 노동 투입이 전제된 제조 공장이 무인화로 돌아서고, 매장 주문도 키오스크로 받을 정도다. 체온이 로봇 회로로 대체된 셈이다. 이로써 현대판 격차는 '자본 vs 기술'의 경합 논리로 압축된다. 예전엔 돈이 돈을 벌었다면 이제는 기술이 혁신을 만나 대박을 친다.

그 때문에 로봇을 바라보는 세간의 시선은 사뭇 이율배반적이다. 좋을 수도, 나쁠 수도 있는 어중간한 위치와 역할 탓이다. 인간이 해온 힘든 일을 맡는 노동 대체 면으로는 좋으나, 로봇이 사람의 일자리를 빼앗으면 나쁠 수밖에 없다. 그럼에도 로봇은 대세다. 온도 차는 있으나, 생활을 바꿀 것이라는 데 이견은 없다. 한국처럼 인구 변화가 급격한 곳에서 로봇 활용은 그만큼 중요한 화두일 수밖에 없다.

◉◉ 인구 문제를 풀어줄 대안적 혁신 기술로서 로봇

유물론적 과학이 형이상학의 중세를 끝냈듯 지금의 끝없는 혁신 기술은 새로운 시대를 열어젖힐 기세다. 비슷한 경험도 했다. 2007년 아이폰이 출시된 후 스마트폰 없는 삶은 생각조차 어려워졌다. 손안의 컴퓨터는 혁신 기술을 만나 뉴노멀을 만들어냈다. 포노 사피엔스로 불리는 MZ세대의 가치 기준과 생활 모델 자체가 달라졌다.

코로나19 이후의 가속화된 IT화도 한몫했다. 이대로면 인구 문제를 풀어줄 해법으로 제격이다. 존재감도 잠재력도 완비한 로봇 활용에 대한 기대가 높다. 인구 감소에 따른 일손 부족에도 실체적으로 대응한다. 장점은 많다. 사람보다 정확하고 생산성이 높다. 24시간 전기만으로 일하니 논쟁적인 노사 대결도 없다. 산업재해와 복리 비용도 이론적으로는 제로다. 회사 입장에선 로봇 사용 확대를 반길 수밖에 없다. 반면 사람은 자유롭고 편해진다. 최소한 3D 업종 일을 맡기는 것만으로 과도한 노동 부하에서 벗어난다. 시공간뿐 아니라 선택의 자유까지 안겨준다.

제이슨 솅커는 이를 '로보토피아'로 칭했다. 정반대의 재앙적인 '로보칼립스'와 대비되는 로봇형 유토피아를 일컫는다. 주목되는 건 로봇이 미칠 확장적인 영향력이다. 혁신 기술의 첨단 영역을 넘어 파급력은 전체 산업에 걸친다. 전에 없던 독자 영역의 새로운 산업 출현도 얼마든 기대된다.

과연 로봇은 일하고 인간은 즐기는 로보토피아는 실현될까. 짚 쳐보면 논쟁적인 핫이슈인 로봇이 가져올 실업 우려의 허들을 넘는 게 먼저다. 로봇이 사람의 일을 빼앗는다는 논제는 장기간 회자됐 다. 의견은 엇갈린다. 지지파는 거센 기계화의 물결에도 일자리가 계 속 늘었다는 증거를 댄다. 로봇을 보급한 이후 32개 중소 제조사의 2011~2015년 고용 변화를 봐도 연평균 3.7% 일자리가 늘었다는 통 계가 있다(한국로봇산업진흥원).

2020년 발표된 보고서《미래의 일》에서는 로봇과 AI 덕분에 향 후 20년간 더 많은 일자리가 생겨날 것으로 봤다. 2018년 일자리 중 63%는 1940년에 존재하지 않았다고 덧붙인다(MIT). '로봇 투입 → 생산 향상 → 소비 증가 → 신규 욕구 → 추가 고용'의 구조다. 물론 특별한 기술과 지식이 필요 없는 단순 직종 일자리는 줄어든다.

반면 창조적이거나 협업과 설득이 필요한 직종 일자리는 증가한 다. 사라진 일보다 새로운 일에 힘입어 총합은 플러스가 된다. 한국의 직업 종류(1만 6,891개) 중 2012년 이후 생겨난 게 5,200개란 분석도 있다(한국고용정보원). 취업 통계를 봐도 취업자가 전년 대비 감소한 것 은 일시적인 돌발 사건일 때뿐이다. 외환 위기·카드 대란·금융 위기 등이 발생한 이후 일자리는 줄었다. 평상시라면 일자리 총량은 계속 늘었다는 의미다. 기술에 따른 노동 대체보다 생산량의 증가 속도가 빨라 필요 노동은 반복해 증가했기 때문이다. 실제 산업혁명 이후 기 술혁신 과정에서 고용은 늘 증가해왔다. 특히 신규 고용은 인간의 장

점이 투영된 고숙련을 요구해 고임금이 전제된다. 양질의 일로 고도
화되면 생활수준은 향상된다.

● 그럼에도 로봇화가 불편한 인구 집단은 상존

로보토피아처럼 아름다운 낙관론만 통용되지는 않는다. 시장 격변
과 고용 급감이라는 우울한 미래를 경고한 학자도 많다. 더 많은 로
봇이 더 많은 사람을 일하도록 해도 수혜를 받지 못하는 소외 그룹
도 적잖다. 극명하게 갈릴 로봇 시대 고용 온도의 격차 문제다. 실제
옥스퍼드·맥킨지·세계경제포럼 등 많은 기관에서 로봇이 인간 노동
을 대체할 것이란 분석을 내놓았다(LG경제연구원). 2016년 세계경제포
럼은 2020년까지 4차 산업혁명으로 710만 개의 일자리가 사라지고,
210만 개가 새로 창출된다고 전망했다.

체감 인식도 비슷하다. 2021년 설문 조사를 보면 2030 세대의
83%는 기술혁신으로 일자리가 줄거나 없어질 것으로 봤다(전국경제인
연합회). 실제 미국 경제는 로봇 1대를 추가할 때마다 고용이 5.6명 줄
어든다. 또 로봇 1대는 1,000명의 인간 임금을 0.25~0.5% 떨어뜨린
다(《일자리혁명 2030》). '로봇 도입 → 비용 절감 → 저가 공급 → 매출
증대 → 추가 고용 → 생활 향상'의 선순환은 아마존 등 일부 기업의
이슈일 따름이다.

일본에서는 2035년 노동인구의 49%를 로봇과 AI가 대체할 전망
이다. 약 2,500만 명의 일자리가 사라지는 것이다. 일본 직업 601종

중 235종이 대체 후보다(노무라종합연구소). 기술 개발에 따른 고용 감소는 실체적이다. 고용 계수(10억 부가가치 산출 시 필요 노동자 수)를 보면 제조업은 1995년 9.77에서 2017년 1.88로 급감했다. 70~80%대의 고용을 도맡는 서비스업도 18.63에서 6.68로 떨어졌다. 이는 로봇 도입에 따른 고용 없는 성장을 뒷받침한다. '로봇 vs 인간'의 일자리 쟁탈이 기우만은 아니란 뜻이다.

정리하면 로봇 노동 대체는 확실히 존재한다. 로봇이 일자리를 빼앗을 것이란 위협은 현실적이다. 로봇의 등장과 노동의 종말은 타당한 걱정이다. 단 양상은 차별적이다. 로봇이 대신할 일자리는 단순 노동 직무에 제한된다. 혹은 애초부터 사람이 하기 힘든 일에 투입된다. 업계도 로봇과 사람의 일은 구분해서 본다. 그럼에도 로봇 대체는 확대될 수밖에 없다.

동시에 일을 빼앗겨도 그만큼 혹은 더 많은 일자리가 생긴다는 분석은 현 단계에선 설득력이 있다. 이때 마찰적 실업이 발생하는 것은 불가피한 일이다. 하단 직종 종사자가 갑작스러운 전환 배치로 중간·상단 직종으로 넘어갈 수 없어 충격을 줄일 사다리가 요구된다. 또 감정 노동을 인공지능으로 실현할 수 있을지도 미지수다. 로봇이 인간을 흉내 내도 인간적일 수는 없다. 사용자로선 자연스럽게 어색함과 불쾌감을 느낀다. 인간과 닮은 로봇을 사람이 불편하게 느끼는 '불쾌한 골짜기(Uncanny Valley)'를 기술혁신이 넘어서자면 시간이 필요하다.

따라서 로봇과 인간이 각자 잘하는 일을 분담하는 협업 구도가 현실적이다. 어차피 소통과 설득이 필요하며 비정형적·포괄적·유연적인 창의성은 인간 특유의 장점일 수밖에 없어서다. 이 수준을 갖춘 로봇을 개발하는 것은 생각보다 쉽지 않다. 결국 '대체 vs 보완 vs 협업'의 삼각 모델이 예상된다. 일자리별로 빼앗기는 쪽(대체), 도움받는 쪽(보완), 나눠 하는 쪽(협업)이 엇갈린다는 얘기다. 즉 로봇 도입에 따른 일자리 변화와 품질의 격차는 커질 수밖에 없다.

◕ 로봇과의 공생 속 대체, 보완, 협업으로 갈릴 일자리

산업용 로봇에 한정할 경우 제조업 직원 1만 명당 로봇 수를 뜻하는 로봇 밀집도는 한국(531)이 세계 평균(69)을 압도한다. 로봇 대국인 일본(305)보다 높다(2016·국제로봇연맹(IFR)). 일자리를 위협한다는 우려에도 이미 현장에선 로봇이 상당한 역할을 하고 있다. 삶에 녹아든 첨단 기술의 면면은 곳곳에서 확인할 수 있다. 향후 단순노동을 넘어 지식 노동 인력을 로봇으로 대체하는 예도 확대될 여지가 충분하다. 경영계로선 고임금일수록 비용을 절감하기 위한 대체 의지가 높아 로봇 도입을 선호할 수밖에 없다.

급격한 인구 변화를 로봇 활용으로 풀어내자는 기대감도 높아진다. 생산가능인구와 경제활동인구 감소를 완화할 수 있어서다. 그만큼 로봇으로 통칭하는 기술혁신은 총요소생산성의 향상을 통해 한국 사회의 지속 가능성에 관련된 중요한 변수다. 굳이 비관적일 필요는 없다. 로봇이 대체하는 것은 노동이지 직업은 아니라는 국제로봇연

맹의 평가처럼 로봇은 일을 덜어주지만 도맡기는 어렵다. 시간도 꽤 걸린다. 로봇이 사람보다 싸야 채산성이 있는데, 그러자면 수십 년은 걸린다.

무엇보다 인간과 사회의 적응력이 놀랍도록 혁신적이란 점에 주목할 필요가 있다. 인간은 위기를 기회로 새로운 무대를 열어젖힌 수많은 경험을 축적했다. 어떤 변화든 대체로 잘 적응하며 진화해왔다. 다양한 영역에 로봇을 적용할 것으로 예상되나, 역시 공생하며 해법을 찾을 것이다. 1980년대 보편화된 비행기의 자동 운항 장치에도 파일럿이 건재한 것처럼, 인간과 로봇은 공존할 확률이 높다. 챗봇 상담을 도입했지만, 사람과의 직접 상담을 원하는 수요도 여전하다. 고령사회의 간병 수요를 로봇에 맡기는 것을 실험 중이나, 고객 만족도가 의외로 낮다는 점도 그렇다. 환자 심리와 무관한 기계적 대응은 프로그래밍에 입력된 일에 한정된다. 알고리즘에 맡기지 못하는 복잡하고 섬세한 손길과 감정 업무는 사람이 맡을 수밖에 없다.

투자계에서 흔히 언급되는 "이번에는 다르다"는 경구를 되새길 필요가 있다. 인류 역사를 보건대 결코 다르지 않다는 역설 화법이다. 로봇이 아니라도 일은 늘 변한다. 사라지는 일만큼 생겨나는 일도 많다. 시대 변화별로 최적화된 일로 재배분되는 것뿐이다. 로봇을 수단으로 보고 장점에 올라타 행복을 높이는 식으로 활용하면 그뿐이다. 중요한 건 '인구 감소 → 노동 부족 → 로봇 활용 → 행복 증진'을 위한 연결 고리다. 로봇이 절대다수의 삶을 향상시키도록 제반 구조를 수정·보완하는 게 좋다.

답은 인재 혁명에 있다. 일본은 아베노믹스 제3탄으로 최근 'Society 5.0'을 내걸었는데, 그 핵심 기조 중 하나를 '로봇+인재'에 둔다. 축적한 혁신 기술을 잘 활용하도록 교육 투자를 통해 우수 인재를 기르고, 로봇으로 대체 불가능한 업종을 늘려 일자리를 지키자는 취지다. 로봇 시대에 사람답게 살 수 있는 사다리로 인재 혁명이란 카드를 택한 셈이다. 로봇 도입에 따른 고용 기회와 소득 감소는 현실이고, 이후의 원가절감과 생활 향상은 아직 이상에 가깝기 때문이다. 이처럼 로봇에 휘둘리지 않는 환경·제도적 선결 조건을 갖추는 것이 요구된다. 한편 인식 전환도 필요하다. 기술을 둘러싼 부정적 우려는 생각보다 굳세다. 이대로면 19세기 초반 실직한 노동자들이 기계를 파괴하자고 주장한 러다이트 운동이 재현될 여지는 충분하다.

◖◗ 로봇이 펼쳐낼 미래, 우리가 고려해야 할 것

로봇 활용으로 인구 문제를 풀자면 정교한 사전 작업이 필수다. 로봇이 일하고 사람은 즐기는 로보토피아는 생각처럼 쉽지 않다. 복잡다단한 기존 제도와 잘 어우러지는지 점검·수정하는 작업이 선행될 때 빛을 발한다. 가령 로보토피아적인 사회보장은 이상향에 가깝다. 현행대로면 사회보장은 유지되기 어렵다. 복지 혜택을 받을 사람은 늘어나는데 보험료 등 재원을 충당할 노동 그룹이 줄어들면 당연한 결과다.

그 때문에 로봇 확산에 맞물린 복지 시스템의 개혁이 선결 과제다. 로봇세는 이때 제안된다. 로봇에 세금을 매겨 사람의 복지를 맡는 개념이다. 실현되면 논쟁거리인 기본 소득제도 못할 일은 아니다. 다만 복지를 강화하는 것이 인구 유지에 유리할지는 논쟁적이다. 선진국의 인구병(출산 감소)처럼 고복지가 되레 인간성을 훼손할 우려도 적잖다. 그렇다면 사회는 근본적으로 흔들린다. 로봇세가 신설되어도 소득세가 줄어들면 재정 확충에 별 효과를 못 보는 것도 고려해야 한다. 상충되면 효과는 적다.

사다리를 오르지 못할 경우 고용 감소를 막아낼 인간 쿼터제도 그렇다. 급격한 마찰적 실업은 줄어들어도 고용 품질과 자활 의지를 보장하는 것은 어려운 일이다. 업종별 쿼터 산정도 갈등을 낳는다. 로봇이 '자본 → 기술'로 부의 무게중심을 이동시킨다는 점에서 소득 재분배도 다시 검토해야 할 과제다. 로봇 자산을 보유·운용하는 쪽과 아닌 쪽의 극단적인 자본 소득 쏠림 현상은 기정사실인 까닭이다. 건강한 사회를 유지하기 위한 가치 중립적 조세 정책을 먼저 수립해야 한다.

인구 변화와 맞물린 로봇발 기술혁신은 위기이자 기회다. 필요 이상의 공포는 부담스럽지만, 그렇다고 변화 흐름을 따르지 않으면 속수무책으로 당할 수밖에 없다. 예고는 됐다. '인구 변화+기술혁신'은 일의 미래를 재구성할 터다. 트렌드는 시작됐다. 로봇의 노동 대체에서 비켜 선 일은 스킬이 부족한 상태다. 스킬을 지닌 인재 수요로 옮겨 가는 게 바람직하다.

코로나19가 빚어낸 원격 근무의 급속한 확산세도 또 하나의 근로 형태로 자리 잡았다. 팬데믹이 종식돼도 시공간 초월형 일자리는 기술혁신 가속화와 함께 늘어날 전망이다. 원격 근무의 급속한 보급은 주문형 노동시장을 넓혀 비정형적 하이브리드 근로자를 요구한다. 성별 고용 격차도 우려된다. 팬데믹 이후 사회·경제적 위기에 취약한 여성 노동의 불평등성 및 여성 불황을 뜻하는 쉬세션(she+cession)이 염려된다.

반면 이중구조를 깨려는 반동은 커진다. 불평등과 양극화의 긴장감 속에서 기업은 다양하고 포용적인 인재 개발에 나설 수밖에 없다. 전체 기업이 경쟁력을 높이고 부가가치를 키우고자 테크놀로지를 잘 구사하는 쪽으로 역량을 집중해야 한다.

해고와 실업은 신중해진다. 기술혁신을 선도하는 기업일수록 고용 유지를 내세울 확률이 높다. 고용 조정 없이 기존 인원의 균형을 유지하는 데 전력을 기울일 묘수를 갈망한다. 고용이 사회적 책임의 주요 주체로 떠오른 기업의 ESG 대응 전략에 직결되기 때문이다. 조직 재편으로 특정 직종이 사라지면 사내에서 새로운 역할을 만들어 배치하는 형태가 현실적이다. 그러자면 새로운 역할에 맞는 새로운 기술 습득과 교육이 전제되어야 한다(2021·맨파워 그룹).

그림 27 직종 분류별 로봇/인공지능 대체 비율

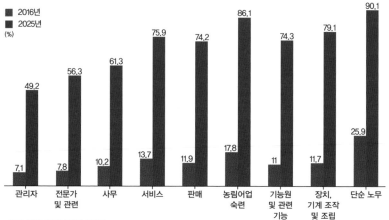

- 출처: 한국고용정보원 및 맥킨지

그림 28 제조업 노동자 1만 명당 로봇 수(2016년)

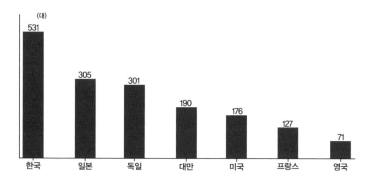

- 출처: 한국고용정보원 및 맥킨지

4차 산업혁명과 인재 혁명으로
인구 오너스를 돌파하라

한국 사회의 제반 제도는 인구 증가를 전제로 수립·운영돼왔다. 경제 성장을 떠받쳐줄 자원 수급이 계속 유지된다는 가정하에 출발했다. 전쟁 직후 노동과 자본 모두 부족한 상황에서 수출 주도형 경제 발전 모델을 채택하며 오늘에 이르렀다. 수출로 자본을 축적하고, 출산이 노동을 떠받쳤다. 절대 빈곤은 성장으로 개선됐고, 생활의 질은 소득 확대로 향상됐다. 더 나은 삶을 누리기 위해 인내하며 가족을 부양할 의무와 과도한 업무를 버텨냈다. 모든 국가 제도는 표준 가족의 숫자와 소득, 욕구에 맞춰 설계되고 운영됐다. 한강의 기적은 이렇듯 고진감래의 경로 속에 호평을 받으며 하나둘 완성됐다.

특히 큰 힘이 된 건 끝없이 공급되는 든든한 노동력이었다. 지속 출산에 따른 인구 증가가 생산과 소비를 떠받치는 일등 공신이었다. 구체적으로 한국인 특유의 탁월한 손재주는 노동 집약형 산업 형성에 날개를 달아줬다. 유교적 교육과 학구열은 노동의 질을 끌어올리는 데 큰 역할을 했다. 논밭에 소까지 팔아 고등교육을 시키는 문화는 재정 지출 없이 각자 비용으로 인재를 길러내는 독특한 장점이 됐다. 숫자도 많았다. 1955~1963년생 베이비부머처럼 질 좋은 거대 인구는 경제성장의 단계별 고도화를 주도했다. 정책과 제도도 이에 맞춰 재구성됐다.

덕분에 한국은 훌륭한 경제성장의 상징적 모델이 됐다. 20세기 중·후반 세계적 동반 호황 가운데서도 압도적인 성적을 거두며 선진국 반열에 올랐다. 또 전 세계에서 유일한 공적 개발원조(ODA) 전환국가(수여국 → 공여국)가 됐다. 하지만 이제 상황이 변했다. 성장을 이끌던 전제와 환경이 순식간에 급변했다. 당장 인구 감소가 시작됐다. 인구학적 데드크로스가 2016년 장래인구추계 때 예상된 2029년보다 10년이나 앞당겨진 2019년 일어났다. 대응조차 불가능할 정도로 급속한 속도였다.

양질 인구의 거대 공급이 추동한 한국형 고도성장

잔치가 끝나고 있음을 알리는 안내 방송이 잦아졌다. 굳건했던 사회구조에 빈틈이 생겨나고, 상식이었던 세대 부조는 뜨거운 세대 갈등으로 비화되었다. 이로써 출산 증가에 힘입어 생산 현장에 투입된 양질의 거대한 노동 공급이 만들어온 한국형 성장 신화는 뒤틀리기 시작했다. 분모(저출산)가 줄어들고 분자(고령화)가 커지는데 버텨낼 분수는 없다. 분모를 강화하거나 분수가 고꾸라지지 않도록 강력한 돌파구가 요구된다. 뼈를 깎는 구조 조정, 즉 개혁이 필요한 것이다.

저출산 기조를 되돌리기란 어려운 일이다. 근원적인 문제 해법이나 어떤 출산 장려책도 잘 먹히지 않을뿐더러 이제는 출산 포기와 거부가 문화적 트렌드로 번지며 MZ세대를 설득하기가 더 힘들어졌다. 실효적인 현실 카드는 저출산을 받아들이되 제반 구조를 시대 변화에 맞추는 것이다. 이대로면 힘들다. 교육부터 국방·고용·행정·산업·복지·조세 등 기존 세대 부양적 정책과 제도가 더는 유효하지 않기 때문이다.

그럼에도 여전히 한국 사회를 움직이는 기본 원칙은 '고도성장과 인구 증가'에서 크게 벗어나지 않은 듯하다. 당시 만들어진 법률 체계와 제도 정책이 꽤 공고하게 현재까지 적용된다. 일례로 수출 주도와 제조 중심의 편향적인 산업구조와 지원 체계는 여전하다. 새로운 실험과 혁신을 가로막는 규제는 곳곳에 포진한다. 세제도 부모와 자녀, 4인형 가족 모델에 맞춘 인적공제 등을 적용한다. 따라서 표준 가족이 아니면 상대적 역차별이 발생한다. 새로운 시대 변화에 맞서 담합하고 저항하는 기존 집단도 많다. 케케묵은 과거가 살아 숨 쉬는 현재를 장악할수록 엇박자와 불협화음은 커질 수밖에 없다.

'인구+성장'의 반복적인 우상향은 한국 경제를 전후 폐허에서 건져낸 강력한 호재였다. 사실상 양질이면서 수까지 많은 인적자원의 힘으로 여기까지 왔다. 그러나 이제는 많은 게 달라졌다. 인재 파워로 주도해온 한국형 성장 모델은 종지부를 찍었다. 자연 감소로 인구는 줄어들고 2%대 잠재 성장률로 성장 여지도 축소됐다. 오늘보다 나은 내일을 위한 인내는 MZ세대의 다양한 생애 모델에 맞서 멈춰 섰다. 이로써 세대별 바통 터치로 사회를 유지해오던 지속 가능성은 훼손되기 시작했다. 사람이 변했으니 제도가 바뀌는 것은 당연하다.

감축 성장·인구 감소에 맞는 새로운 지속 가능성 탐색

옷은 몸에 맞을 때 폼이 나는 법이다. 몸이 변했다면 옷 또한 달라지는 게 상식이다. 그래서 수선이란 게 필요하다. 사회구조도 마찬가지다. 변화에 맞춘 개선, 즉 제도 개혁이 건강한 지속 가능성을 담보한다. '감축 성장·인구 감소'를 인정하는 데서 출발할 수밖에 없다. 사라진 '고도성장·인구 증가'를 대체할 새로운 길과 룰이 필요하다. 줄어든 인구와 힘겨운 성장은 불가피하다. 한국보다 일찍 비슷한 상황을 경험한 국가의 사례도 그랬다. 성장과 인구의 하향 압력은 시대 변화가 빚어낸 현상일 뿐이다. 현상이 문제로 번지지 않게 하는 게 중요하다. 인구 변화가 사회문제로 번지지 않게끔 대응해야 한다.

최소 30년간 지속된 한국형 고도성장은 인구 보너스 덕이었다. 풍부한 노동력이 급격한 성장률을 이루어냈다. 인구 증가가 사회·경제적 성과를 더 빨리 많이 내도록 도와주는 인구 배당(Demographic Dividend) 효과였다. '인구 증가 → 노동 증가 → 생산 확대 → 소득 향상 → 저축 증가 → 투자 증대 → 실적 확대 → 재정 확충 → 경제성장'의 흐름이다. 이런 생산가능인구의 확대는 고령화율을 떨어뜨려 부양 부담도 낮춰준다. 사회적 부양 부담이 완화되면 그만큼 관련 자원을 경제 발전에 재투입할 여지는 커진다. 덜 쓰고 더 버니 보너스로 비유된다.

기분 좋던 보너스는 사라졌다. 앞으로는 정반대의 인구 오너스(onus)가 심화된다. 인구 증가가 안겨준 선순환 성과 대신 인구 감소가 불러올 악순환 파급효과를 걱정해야 할 때다. 한국 경제가 성장할 수밖에 없었던 이유가 인구 보너스라면 인구 오너스는 미래 한국을 위협하는 함정이다. 인구의 파급력을 볼 때 호재에서 악재로 상황이 변화하는 것은 부담·책임·의무란 오너스의 의미처럼 부정적인 결과로 넘어갈 확률이 높다. 즉 내리막 경제와 기울기 사회가 불가피해진다. 허리 밑은 줄고 어깨 위만 넓어지는 저출산·고령화의 브레이크 없는 질주는 그 끝이 뻔하다. 덜 벌고 더 쓰는데 버텨낼 도리는 없다. 더 벌고 덜 쓰는 혁신과 개혁만이 숨통을 열어준다.

인구 감소 속 양질 고용을 위한 인재+생산성 향상 혁명

아쉽게도 인구 감소를 당장 해결할 묘책은 없다. 어떤 선진국도 자연 감소 중 출산율을 인구 유지선(2.1명)까지 되돌린 경우는 없다. 출산과 양육을 위한 사회 전체의 공감과 타협으로 대대적인 제도 개혁에 나섰어도 소폭 상승에 그쳤다. 인구 정책의 목표 자체도 수정하는 분위기다. 인구를 늘리기보다 줄어드는 규모와 속도를 최대한 묶어두는 방식이다. 요컨대 덜 줄어들도록 하방 경직성만 달성해도 성과로 인정된다. 그만큼 쉽지 않다는 뜻이다. 무리한 목표를 설정하기보다 현실적인 타협책을 찾으란 메시지다.

인구 증가가 어렵다면 현실에 맞춰 모든 걸 재조정하는 게 수순이다. 포인트는 줄어든 인구를 소중하게 활용하는 것이다. 노동 수입형 이민 모델조차 쉽지 않은 상황을 고려하면 시급한 과제일 수밖에 없다. 현재의 축소 인구를 미래의 성장 동력에 잘 매칭해 활로를 찾아가는 게 현실적이다. 잉여·유휴 인구를 최소화해 소중한 인적자원으로 충분히 활용하면 인구 감소의 위협에서도 자유로울 수 있다. 인구를 숫자가 아닌 질적 개념의 인재로 업그레이드시키는 전략이다. 인구 오너스의 인재 보너스화가 그렇다. 인재 혁명을 통한 1인당 생산성의 향상을 꾀하자는 얘기다.

인재 혁명은 시대가 필요로 하는 인재를 맞춤 공급하는 것을 지향한다. 즉 달라진 시대에 맞춰 사회·경제적 진보를 추동할 인적자원 관리 체계다. 다만 기존 체계에의 종속과 수용이 아닌 대폭적인 혁신 방식을 추종한다. 고도성장기 노동 집약형 양적 배출에서 벗어나 감축 성장기에 맞는 질적 고도화를 뜻한다. 변화를 따라가기보다 앞서서 혁신을 제안하는 인재 혁명만이 축소 사회의 한계를 뛰어넘는 생존과 성장 기반을 다져주기 때문이다.

인구 감소에 맞서 인재 혁명 키워드를 해법으로 꺼내 든 대표 사례는 일본이다. 한국보다 앞서 자연 감소, 생산가능인구 하락 반전,

30%대 고령화율, 총인구 감소 등 인구학적 변곡점을 넘긴 일본은 인재 혁명만이 사회를 구원할 유일한 탈출구임을 인정했다. 아베 정권이 들어선 후 일본은 아베노믹스 1.0(△금융 완화 △재정 투입 △성장 전략)에 이어 아베노믹스 2.0(△GDP 600조 엔 △희망 출산율 1.8 △간병 퇴직 제로)을 내놓으며 디플레이션 탈출을 꾀했다. 일정 부분 성과도 있었으나, 코로나19 이후 상황은 또다시 반전됐다. 이를 풀고자 2017년 발표한 미래 투자 전략 2017의 확대 재편을 통해 '소사이어티 5.0'의 충실한 이행을 미래 청사진으로 제시했다.

포인트는 '기술혁신과 근로 개혁에 따른 신성장'이다. 최종 목표는 전원 참가형 사회를 구현해 강력 경제, 양육 지원, 사회보장의 딜레마를 해소하는 것이다. 이를 추진하는 핵심 개념이 스마트 사회에 맞는 소사이어티 5.0이다. 추진 방식은 인재 혁명과 생산성 혁명이다. 아베노믹스 1.0의 거시 정책 총동원령, 2.0의 소득 재분배·고용 개선 등 사람을 배려하는 정책을 잇는 연장선으로 미래 투자, 생산성 혁명, 근로 개혁, 인재 육성 등이 강조된다. 인구 변화에 대응하는 지속 성장을 위해 인재와 생산성을 바퀴로 삼아 소사이어티 5.0의 미래 일본을 구축한다는 전략이다. 코로나19로 주춤하는 모양새지만, 일각에선 시대 변화에 부응하는 체제 전환에 다가섰다는 평가도 있다.

인재 육성은 정책 지원(교육비)을 통해 유치원, 초등학교부터 대학까지 양질의 교육 기회를 확대하는 것에서부터 비롯된다. 양적(인구) 확대를 벗어나 질적(인재) 개선을 통해 인재가 능력을 발휘하도록 순환 구조를 형성한다는 전략이다. 그래야 실질적인 고용 확대와 소득 증가, 생활 향상이 재원 확보로 연결돼 새로운 기회를 창출할 수 있기 때문이다. 구체적으로 인구 감소와 고령화, 일손 부족은 인재 교육을 통한 취업 촉진과 생산성 향상으로 풀어내고, 교육 기회의 충실과 균등화로 빈곤 가정에서도 계층 이동을 통해 양극화를 줄이는 사회 가치를 이끌어낼 수 있다. 동시에 글로벌 경쟁 격화는 뛰어난 능력을 갖춘 인재로 해소된다. 산업구조도 테크놀로지의 혁신 진화에서 확인되듯 IT화 등에 대응하는 인재를 영입하는 것으로 재편된다.

4차 산업혁명과 새로운 기회는 '전원 참가형 사회로'

인구를 인재로 승격하는 것은 4차 산업혁명과 맞물려 중요성이 훨씬 커졌다. 인재 혁명과 함께 생산성 혁명을 실현할 무대로 손색이 없다. 생산가능인구의 하락 전환 속에서 성장 능력은 심히 의심받고 있다. 그만큼 노동생산성은 계속 낮아진다. 각국이 4차 산업혁명을 필두로 새로운 성장 동력에 골몰하는 이유도 여기에 있다. 일본의 소사이어티 5.0처럼 독일이 인더스트리 4.0을 통해 생산성을 국가 의제로 삼은 배경이다. 처음에는 신기술과 제조업의 융합을 통한 고도화에 방점을 찍었지만, 지금은 그 개념과 역할이 점차 확대된다. 첨단 기술의 전형적인 잠재력과 포괄성에 주목해 미래를 먹여 살릴 혁신 모델로 4차 산업혁명의 가능성에 무게중심을 싣는다. 첨단 기술 자체의 비즈니스화다.

혁신의 주체는 결국 사람일 수밖에 없다. 여기서 사람은 양적 인구가 아닌 전문·특화적 경쟁력을 갖춘 질적 인재를 뜻한다. 이때 4차 산업혁명도 한층 넓고 깊게 영역을 확대하고 기회를 내놓는다. 알다시피 4차 산업혁명은 규모와 파장을 알 수 없는 무한한 가능성을 지닌 개념이다. 인공지능, 로봇, 사물인터넷, 자율자동차, 가상·증강현실, 나노테크, 빅데이터 등 새로운 BM으로 계속 확장된다. 더 빨리, 더 많이, 더 넓게 산업·고용·소비 영역을 장악하며 몸값을 높인다. 그럼에도 주역은 역시 사람이다. 제아무리 첨단 기술이 생겨나도 전에 없던 새로운 방식을 뜻하는 혁신 연결은 인재만이 커버할 수 있다.

혁신 인재라면 인구 감소의 파장에도 지속 성장을 얼마든 달성할 수 있다. 그도 그럴 것이 고전적인 자원 투입형 성장 방식은 종료됐다. 그럼에도 성장하자면 고민은 깊어진다. 익히 알려졌듯 '경제성장=노동+자본+총요소생산성'을 분석해보면 창의 인재와 기술혁신의 파워를 쉽게 이해할 수 있다. 성장 요소별 기여도를 보면 노동과 자본의 영향력은 축소됐다. 믿을 건 총요소생산성(부가가치)뿐이다. 2000~2004년 GDP 성장률을 분석하면 노동(0.8%), 자본(2.2%)인 반면 총요소생산성(2.7%)이 가장 높다. 2025~2029년은 각각 -0.5%·0.8%·1.4%로 기여도 격차는 더 벌어진다(LG경제연구원). 인구와 직결되는 노동은 2020~2024년 -0.4%로 추정돼 사실상 인구 오너스로 접어들 것으로 예상된다.

그렇다면 자본과 노동을 투입하는 성장 모델을 고집할 이유는 없다. 자본과 노동보다 기여도가 큰 총요소생산성을 높이면 미약하나마 성장을 유지할 수 있다. 이때 총요소생산성은 사실상 혁신·기술로 요약된다. 눈에 잘 보이지 않는 질적 지표지만, 생산함수의 결과치를 끌어올릴 유력한 대안이다. 한국은 특히 총요소생산성을 달성하는 데 대한 압박이 크다. 2017년 발표된 보고서를 보면 향후 10년간 인구 변화에 따른 경제 규모 위축 정도가 한국은 -9.8%로 추정됐다. 대만(-10.1%)과 홍콩(-13.8%)처럼 도시국가를 빼면 한국이 가장 급격한 경제 위축에 직면할 전망이다(딜로이트). 따라서 인구의 능력과 자질을 향상해 1인당 인재 파워를 키워내는 성장 방식이 절실할 수밖에 없다.

이와 함께 전원 참가형 사회 실현도 필요하다. 인구 감소가 불가피해도 경제활동인구를 최대한 생산 무대에 불러오면 충격을 완화할 수 있다. 비경제활동인구를 경제활동인구로 활용하는 아이디어다. 맞벌이가 아니면 생활이 어려워질 만큼 노동 분배율이 열악한 상황에서 전원 참가형 경제 모델은 설득력이 높다. 주부와 학생 등이 그렇다. 일할 능력이나 의사가 없다고 방치할 게 아니라 적극적인 교육과 지원으로 인재로 유도하는 게 바람직하다. 특히 후속 세대가 취업을 포기해 비경제활동인구로 유입되게 해서는 곤란하다. 그들의 노동의지와 능력을 품으며 기회를 제공할 때 전원 참가형 혁신 실험은 열매를 맺는다.

인구 감소가 불러온 한국 사회의 패러다임 대전환은 피할 수 없는 숙명적 과제가 됐다. 그렇다면 무엇으로 시대 변화에 맞는 혁신을 시도할 것인가. 인구 충격에도 지속 가능한 미래는 무엇으로 확보할 것인가. 아무리 살펴봐도 인재 혁명뿐이다. 4차 산업혁명과 생산성 향상에 관련된 과제와도 일치하는 의제다. 여러 한계 속 당당한 앞날을 열어젖히는 우선순위는 소중해진 인구가 파워풀한 인재로 격상되게끔 노력하는 데 있다. 인구 감소의 양적 한계를 인재 혁명의 질적 향상으로 대응하는 것이다. 또 전원 참가형 사회를 실현하는 데는 정책만으로 부족하다. 다양한 이해관계자의 총체적 대타협을 전제해야 한다. 지난하고 복잡하다고 이를 위한 개혁을 미뤄서는 곤란하다는 사실을 명심해야 한다.

색인

대 한 민 국
인 구 트 렌 드
2 0 2 2 - 2 0 2 7

2022년 02월 15일 초판 01쇄 발행
2023년 07월 25일 초판 04쇄 발행

지은이 전영수

발행인 이규상 편집인 임현숙
편집팀장 김은영 책임편집 강정민
기획편집팀 문지연 이은영 강정민 정윤정 고은솔
마케팅팀 강현덕 이순복 김별 강소희 이채영 김희진 박예림
디자인팀 최희민 두형주 회계팀 김하나

펴낸곳 (주)백도씨
출판등록 제2012-000170호(2007년 6월 22일)
주소 03044 서울시 종로구 효자로7길 23 3층(통의동 7-33)
전화 02 3443 0311(편집) 02 3012 0117(마케팅) 팩스 02 3012 3010
이메일 book@100doci.com(편집·원고 투고) valva@100doci.com(유통·사업 제휴)
포스트 post.naver.com/black-fish 블로그 blog.naver.com/black-fish
인스타그램 @blackfish_book

ISBN 978-89-6833-363-7 03320
ⓒ전영수, 2022, Printed in Korea